中国工运史料丛书 006

第五次全国劳动大会史料汇编

中国工运历史研究出版中心
全总工会理论和劳动关系智库基地（文献资料中心） ◎ 编

中国工人出版社

图书在版编目（CIP）数据

第五次全国劳动大会史料汇编／中国工运历史研究出版中心，全总工会理论和劳动关系智库基地（文献资料中心）编.—北京：中国工人出版社，2023.8
ISBN 978-7-5008-8218-3

Ⅰ.①第… Ⅱ.①中… ②全… Ⅲ.①中华全国总工会—代表会议—史料 Ⅳ.①D412.3

中国国家版本馆CIP数据核字（2023）第160776号

第五次全国劳动大会史料汇编

出 版 人	董　宽
责任编辑	李卫民
责任校对	张　彦
责任印制	栾征宇
出版发行	中国工人出版社
地　　址	北京市东城区鼓楼外大街45号　邮编：100120
网　　址	http://www.wp-china.com
电　　话	（010）62005043（总编室）
	（010）62005039（印制管理中心）
发行热线	（010）82029051　62383056
经　　销	各地书店
印　　刷	三河市东方印刷有限公司
开　　本	880毫米×1230毫米　1/32
印　　张	6.5
字　　数	135千字
版　　次	2023年12月第1版　2023年12月第1次印刷
定　　价	50.00元

本书如有破损、缺页、装订错误，请与本社印制管理中心联系更换
版权所有　侵权必究

编辑出版说明

中国工人运动史料是中国共产党红色资源的重要组成部分，也是中国工运独具特色的精神财富，具有重要的研究和借鉴价值。2021年，中国工人出版社启动"工藏：中国工运史料文库"融合出版项目，倾力挖掘、搜集和整理中国工运历史资料，并将在2025年中华全国总工会成立100周年之际，同步推出史料文集、线上平台和数据库等不同形态的成果。先期出版的中国工运史料丛书，专题汇编较为重要的中国工运史料，是这一融合出版项目推进过程中的阶段性成果。

首批推出的中国工运史料丛书共7卷，分别为《历次全国劳动大会文献汇编》、《第一次全国劳动大会史料汇编》、《第二次全国劳动大会史料汇编》、《第三次全国劳动大会史料汇编》、《第四次全国劳动大会史料汇编》、《第五次全国劳动大会史料汇编》和《第六次全国劳动大会史料汇编》。以这样大的规模完整推出新民主主义革命时期历次全国劳动大会的文献和史料，在中国工会历史上还是第一次。编辑出版过程中，一方面补充了过去未曾收集到的大会文献，另一方面收录了文电文稿、报刊报道和亲历者回忆等珍贵史料，并且逐一进行溯源考证，让这一出版成果更具历史价值。

此次出版的全国劳动大会史料汇编，除《历次全国劳动大会文献汇编》外，其他6卷在体例上统一分为"大会文献"、"文电文稿"、"报刊报道"和"附录"四部分。"大会文献"包括历次全国劳动大会发布的正式文件，包括中国共产党给大会的贺信、会议开幕词、报告、决议、章程、选举结果、闭幕词、宣言等。"文电文稿"包括与历次全国劳动大会有关的文电和文章，即以大会名义或中华全国总工会、中国共产主义青年团等其他团体所发电文，以及工运领袖对大会的综述等。"报刊报道"包括当时各报刊对大会相关动态的报道和评论。"附录"在汇编会议历史背景资料的同时，也收录了部分大会亲历者的回忆文稿。

最大限度地保存历史原貌，这是中国工运史料丛书的编纂原则。各类文字严格限定原始资料，并尽可能追溯最早文本，部分资料依照最新权威版本做了订正；回忆文章严格限定亲历、亲闻、亲见，不用后人编纂的文章；对原始资料文本逐字逐句考证，除改正明显错字、错排内容外，均保留原文，包括当时的混用字；原文有漏字或空白处，只要不产生阅读歧义，均不做推测、填补，以"□"代之。需要读者注意的是，在当时的历史条件下，有些话题的表述与今天或有不同；有些名称、数据亦不统一，为保存史料原貌，我们在编辑过程中未做修改，均保留原样。

历史资料浩如烟海，很难尽善尽美。如若发现编纂错讹或有新的史料补充，竭诚期待告知编者（grcbsgz@126.com），以便今后修订增补。

《第五次全国劳动大会史料汇编》

主　编
张　刃

副主编
蒋佩轩

学术编辑
李　丹　李卫民　王功彬

数字编辑
吴　倩

目 录

大会文献

中国共产党中央委员会祝词 …………………………… 003
中华全国总工会工作报告 …………………… 项 英 014
上海工联会代表团报告 ………………………………… 038
上海海员工作报告 ……………………………………… 056
中华全国工人斗争纲领 ………………………………… 061
工会组织问题决议案 …………………………………… 069
工厂委员会决议案 ……………………………………… 078
对黄色工会问题决议案 ………………………………… 084
反对国民政府工会法决议案 …………………………… 095
工农联合决议案 ………………………………………… 097
农村工人工作大纲决议案 ……………………………… 102
宣传教育问题决议案 …………………………………… 107
海员工作决议案 ………………………………………… 111
铁路工作决议案 ………………………………………… 117
拥护苏联决议案 ………………………………………… 124
派遣参观苏联代表团决议案 …………………………… 128

第五次全国劳动大会选出的中华全国总工会执行委员、
候补委员名单 ………………………………………… 130
第五次全国劳动大会宣言 ……………………………… 131

文电文稿

准备第五次全国劳动会议 ………………………………… 137
工联党团会议记录
　——讨论召开劳动大会及各部工作（节录） ………… 141
工联常委会议记录
　——关于讨论全国劳动大会、双十节纪念及
　　海上日报问题（节录） ………………………………… 145
中共江苏省委为全国劳动大会告工友 …………………… 148
工联各工会代表大会记录
　——关于筹备全总劳动会议和选举出席代表问题 …… 151
全国第五次劳动大会的总结与精神 ……………………… 159
工联工作人员会议记录
　——关于参加全国劳动大会纪念广暴为各区委
　　工作情况的报告（节录） ……………………………… 166
香港工作决议案
　——与香港出席第五次劳动大会代表的讨论决定 …… 169
中华全国总工会向赤色职工国际的报告（节录） ……… 175
1928 年—1930 年中国职工运动状况（节录）……… 罗章龙　180

报刊报道

第五次全国劳动大会的成功与中国工人运动的前途
.... 震 中 185

中国六次劳动大会简述（节录）................................ 187

附 录

虎口里的斗争 .... 张文秋 191

大会文献

中国共产党中央委员会祝词*

全国劳动大会代表同志们：

在现在资本进攻残酷压榨的时期，在工人斗争与全国革命运动正在复兴的时期，在统治阶级企图镇压革命的复兴、施行残暴的白色恐怖的时期，在军阀战争正在大爆发的时期，在豪绅、地主、资产阶级、国民党受着帝国主义的指使向世界革命的大本营、无产阶级祖国苏联实行反革命的进攻时期，你们受全国工人阶级的委托，于十月革命纪念日举行第五次全国劳动大会，这是在中国工人运动的历史上，将要有不可磨灭的伟大的意义。中国共产党谨向大会致极热诚的共产主义的敬礼！

本党是工人阶级的政党，为工人阶级的解放而奋斗，为世界共产主义革命而奋斗。当此中国革命与国际革命形势都在异常重要的关头，愿以本党目前的政治主张、政策、策略及发展的前途，向大会及全国工人阶级的面前作一概括的说明，使本党的奋斗与全国工人阶级有更密切的联系，而更顺利的走向胜利的前途。

一九二五至一九二七年的革命高潮，以全国工人阶级与农民、劳苦群众的英勇斗争，中国革命的第一阶段——资产阶级民主革命阶段已有很快胜利而转向社会主义前途的可能。可是

---

* 本文原载一九三〇年中华全国总工会编的《第五次全国劳动代表大会决议案》。

自私自利的中国资产阶级在经济上、政治上与帝国主义、封建势力都有密切关联，看见革命的发展超过了他一阶级的利益，便马上叛变革命，投降帝国主义，妥协封建势力，而与他们联合一致来压迫革命，采用极野蛮的白色恐怖的手段来摧残工农劳苦群众，尤其是共产党，遂使革命受到严重的打击而暂时失败。

资产阶级叛变革命以后，在帝国主义指使之下建立了封建势力联合的南京政府，镇压工农革命是他们共同的政纲，于是国民党的青天白日旗完全成了白色恐怖的旗帜。

工人农民与共产党的战士，遭受他们屠杀的将近几十万人，就是古代的专制魔君也没有这样的残忍！

于是帝国主义对中国的侵略更加厉害起来，以前工人阶级英勇斗争收回的汉口、九江、镇江的租界，固然被国民党做了投降的礼物奉还了帝国主义，而且许多新的特权都在国民党的卖国外交政策之下断送了。航空送给了美国，海军请英国顾问来管理，山东、满洲因济案的条约，让日本自由驻兵，其他与各国帝国主义订的条约没有一次不是更加上一条奴隶中国的锁链。工人阶级反对帝国主义残酷剥削的斗争，如青岛的纺织工人的罢工、天津电车的罢工、上海法界电车、英界自来水的斗争，没有一次不是在帝国主义与国民党合作压迫欺骗之下而失败。国民党两年政权的卖国成绩，已经超过以前北洋军阀政府十百倍以上。

封建势力也是极显明的恢复起来，军阀割据和对于广大劳苦群众的抽剥，较以前益加厉害，并因此而造成不断的军阀战争。地主阶级对农民压榨尤其是残酷无比，不仅是目前的剥削方法较以前加倍苛虐，而且地主的封建特权又复兴起来：掌握乡村武装可以自由审判、处罚以致屠杀农民，自由抽农民的捐税，甚至公开的掠夺。这就使农民一天一天成为不自由的奴隶。现在国民党所制定的什么乡村自治、土地法令，都是明白的保障地主阶级这些封建特权。如果不是有彻底的土地革命的胜利，中国三万万以上的农民群众决不能从封建的枷锁之下解放出来。

这样的客观条件就加重了中国工人阶级的历史任务，不只是要为社会主义的革命而斗争，而且首先要为反帝国主义、反封建势力的民主革命而斗争。中国资产阶级反革命以后，已经成为帝国主义封建势力的同盟者，已经成为反民主革命的势力；所以中国民主革命必须坚决的反对资产阶级才能完成。这样就把完成民主革命的历史使命落到了工人阶级的肩上。帝国主义、封建势力和资产阶级的反革命的结合，是非常强大的敌人。工人阶级要战胜这样强大的敌人，必须把广大的革命势力都团结在自己的周围，来一致斗争；所以工人阶级在目前必须极力地为反帝国主义、没收地主阶级的土地、八小时工作制的政纲来奋斗。只有这样的政纲才能把几万万的农民和劳苦群众发动起来，并且只有与几万万农民和劳苦群众的亲密的联合，才能战胜这样强大的敌人。如果把帝国主义、封建势力、资产阶级、国民党通通打倒了，建立了工农代表会议政府，则这一革命的胜利决不只是民主革命的胜利，而且是工人阶级的胜利。在民主革命的时期便把资产阶级打倒了，自然很便利的转变到社会主义的前途；所以民主革命的胜利就是打开了社会主义之门，所以现在为民主革命而斗争就是为社会主义的前途而斗争。并且到了民主革命胜利的时候，资产阶级为要挽救自己的死灭，必定更要实行一切的可能来反对革命；胜利的苏维埃政府为保持这一胜利，自然要马上剥夺一切资产阶级反革命的武器，没收一切银行、工厂、企业，施行更严厉的镇压。这就是已经走到要实行无产阶级革命的政纲，那么在政权上便要进到无产阶级专政；因为如果没有无产阶级专政，决不能实行无产阶级革命的政纲，决不能坚决镇压资产阶级的反革命。所以民主革命的彻底成功，必须有社会主义的胜利才能保障。因此中国革命的前途是异常明显的；不经过民主革命决不能有社会主义革命的胜利，同时没有社会主义的胜利决不能保障民主的革命胜利。重复一句，所以现在为民主革命而斗争，就是为社会主义的前途而斗争。

现在统治阶级建筑在各种矛盾的基础上，帝国主义侵略中国加激，同时各个帝国主义互相抢夺中国的冲突也就益加厉害。资产阶级与封建势力虽然在压迫工农群众的一点上是一致的，然而他们互相之间在争夺剥削工农的利益上，也就包含了不可调和的冲突，并且在资产阶级与封建势力的本身分成了无数的派别；军阀制度的存在，无可避免的要继续不断的发生抢夺地盘的斗争，这些就是军阀战争接续起来而且不能停止的主要原因。统治阶级的各派谁也不能解决这样复杂的矛盾，谁也不愿让别人单独来垄断中国统治与利益，谁也不能克服各派的敌人，这就造成中国如果没有工农革命的彻底胜利，永远是各派军阀互相争夺局面；无论是谁占到南京政府，都是一样的无法统一无法稳定。可是另一方面，统治阶级这样互相抢夺，更要残酷的压榨工农劳苦群众，逼迫工农劳苦群众只有起来坚决斗争解除自己的痛苦，而这样渐次汇合起来不可避免的成为反统治阶级的革命高潮，同时因为他们抢夺战争不已，自然使他们统治的力量互相削弱而造成革命胜利的客观的可能条件。所以这样的前途是极明显的，统治阶级各派的争夺，要走到各派同时俱倒，工农革命势力取得最后胜利。

但是不管统治阶级各派冲突到如何激烈，对付工农仍然是一致的。假如工农革命运动高涨起来的时候，他们更要很快的互相妥协起来一致来压迫工农。这就告诉我们：只有斗争，只有力量，只有阶级力量的对比，然后才能战胜统治阶级，争取苏维埃革命的胜利。

反革命资产阶级，他也极明白的看清了这样的前途，极力为挽救自己的恶运来挣扎，企图用改良主义的方法来柔化这些矛盾，主要欺骗工农群众，消灭革命斗争。所以他除掉用极残酷的白色恐怖的手段以外，同时雇用很多的走狗到工人阶级中来散布改良主义的思想。所谓国民党的改组派与第三党固然极明显的是资产阶级改良主义的工具，就是南京派也还在不断的传播这样的欺骗，尤其各地的黄色工会的兴起，更是他们把这样的思想深入到工人阶级内部很好的工具。第二国际资产阶级的走狗们，也在特别努力帮助中国资产阶级这样的企图，不止一次的派代表来华教育中国资产阶级建立黄色工会的工作。固然在中国资产阶级这样弱小，无法收买工人贵族来建立强固的改良主义的基础，可是现在各处黄色工会在群众中已经发生了暂时的相当的影响，并且这些影响在工人阶级这样的痛苦的条件之下，再加资产阶级武装警察的帮助，不是绝对没有扩大的可能。所以改良主义尤其是黄色工会，是革命工会运动的最大的敌人；如果革命工会不能深入到群众中去，领导群众的斗争，在斗争中揭破他们的欺骗，提出革命的要求纲领，使广大群众坚决团结到革命要求纲领的周围，那末，革命工会决不能战胜黄色的影响，而树立起强固的群众的基础。所以在群众中与改良主义黄色思想作坚决的斗争，并且加入有群众的黄色工会去发动群众的斗争，在斗争中揭破黄色领袖的欺骗而夺取广大群众到革命工会之下，是目前革命工会第一大的任务。

现在全国工人斗争虽然走到了开始复兴的形势，一厂一业的同盟罢工到处爆发，但是还有不少的弱点。最主要的，一方面是黄色工会的影响还大过于革命工会，仍有使斗争在改良欺骗之下而暂时软化的可能；另一面是群众斗争的勇气尚未十分提高，革命工会的组织尚未强大，还不能促进斗争的高潮。因此革命工会在目前必须特别注意群众的日常要求，指出资本进攻的每一个事实来发动工人的斗争，从不断的斗争的胜利，来提高群众斗争的勇气，来吸收广大群众加入革命工会。这并不是说工会不要领导群众的政治斗争，而是说必须注意从经济的斗争发展到政治斗争，只有经济的深刻斗争愈加尖锐，然后群众的政治认识才能更会深刻；只有经济的斗争愈加扩大，然后群众政治斗争的勇气才能更加提高。现在广大群众的生活痛苦到牛马奴隶还不如的时候，广大的群众已经忍受不住压榨而自发的起来斗争的时候，革命工会如果能特别注意为群众的日常痛苦而斗争，毫无疑问的可以发动广大群众，可以领导广大的群众斗争走向伟大的革命运动。领导群众日常斗争最好的策略，是到每个工厂作坊中去建立工厂委员会的组织。只有工厂委员会能够特别注意为群众的日常要求而斗争，能够发动全厂的工人群众都走向斗争的道路；能够很敏捷的暴露黄色工会的欺骗；

能够很便利的扩大革命纲领影响。如果工厂委员会得到了全体工人的拥护，在现在可以因此扩大革命工会的组织，在将来可以成为革命工会的强固的下层基础。因此到每个工厂作坊中去建立工厂委员会的组织，领导群众日常斗争渐次汇合到伟大的革命斗争，是目前革命工会第二个大任务。

现在国民党恐惧革命斗争的发展，极力箝制工人的自由，压迫群众的斗争，用委派、整理、指导、登记的方法来压迫真正工人群众的工会，尤其是革命工会。最近颁布的工会法，简直把群众集会、结社、言论、出版、罢工之自由剥削殆尽。所以革命工会应当坚决的号召群众起来为自由而斗争，反对国民党解散工会，反对一切委派、整理、指导、登记、禁止自由组织工会的把戏，反对压迫罢工，反对压迫工人的工会法。这不只是为争革命工会的公开存在，而且这些争自由斗争的发展，便是在政治上直接向国民党的统治进攻。这一争自由的运动，不只是可以号召工人群众起来，而且可以影响广大的劳苦群众，是有伟大的革命的意义。所以号召群众起来，为争集会、结社、言论、出版、罢工的自由，反对国民党压迫自由而斗争，是革命工会目前第三个大的任务。

帝国主义对中国的压迫，一天一天的更加厉害起来，不只掠夺中国许多经济上、政治上的特权，而且把中国人民看做牛马奴隶不如，任意屠杀，打死中国人的惨案到处发生。尤其是在帝国主义工厂做工的工人，直接在他们宰割之下，待遇苛虐简直无以为生。譬如青岛十万纱厂工人，因日本帝国主义纱厂关门，几乎饿死；所以革命工会应当坚决的起来号召群众的反帝国主义的斗争，反对帝国主义的野蛮暴行，反对国民党的卖国条约，反对帝国主义国民党联合压迫工人，一直领导群众走向彻底驱逐帝国主义的革命斗争。"打倒帝国主义"的口号，现在更成为广大群众的迫切要求。如果革命工会能够坚决的号召群众起来斗争，是可以得到广大群众的拥护，并且可以由此更加巩固工人阶级在革命斗争中的领导地位。这是革命工会目前第四个大的任务。

中国工人阶级革命伟大的同盟军就是几万万的农民群众。他们处在帝国主义、军阀、地主、豪绅、高利贷、商业资本以及反革命的富农数层榨压之下，已经到了奴隶不如、饥饿待死的地位。惟其如是，所以他们革命的要求也就异常的迫切。他们要从这些压迫之下解放出来，只有彻底的土地革命；彻底的土地革命，就是摧毁帝国主义、军阀统治中国的基础，就是根本消灭封建势力以及一切高利贷、商业资本与富农的剥削。所以他们的土地革命的彻底胜利，就是中国民主革命的彻底胜利。所以革命工会应当号召广大工人群众起来，极力帮助农民的土地革命，建立亲密的工农联合，以完成中国的民主革命。这是革命工会第五个大的任务。

特别摆在目前异常严重的问题，就是军阀战争与进攻苏联。军阀战争给与广大群众莫大的痛苦，广大群众不只是因军阀战争遭受更残酷的压榨，而且要遭受炮火的毁灭。军阀战争主要的动力，是由各个帝国主义互相抢夺中国；这就使军阀战争永无停止之时，并且将有进一步的直接冲突，爆发世界大战的危险。现在英、日、美各个帝国主义都在中国加紧军事的准备，最显著的为美国占领航空，英国夺取海军，日本取得山东、满洲做军事的根据地。世界大战的危险，已经异常紧张的临到广大群众的头上。这一浩劫，比之军阀战争还要超过千百倍以上。革命工会应当坚决起来号召广大群众反对军阀战争，反对世界大战！并且告诉广大群众：要消灭军阀战争，消灭世界大战的危险，必须与全世界无产阶级，尤其是工人阶级的国家苏联联合起来。苏联是中国革命的好朋友，是世界大革命的大本营，是全世界无产阶级的祖国。现在国民党在帝国主义指使之下，利用中东路问题积极向苏联进攻，就是为着要镇压中国的工农革命，镇压世界无产阶级的革命，以便更顺利的瓜分中国，瓜分世界殖民地。革命工会应当站在广大群众的前面，号召他们坚决的起来反对国民党帝国主义进攻苏联。这是革命工会第六个大的任务。

最后，革命工会要能执行这些伟大的任务，必须首先注意巩固自己的组织，扩大自己的组织，在不断的斗争中发展起来。这就需要革命工会注意过去组织上的弱点，注意主观方面脱离群众的危险，注意是否有"命令"、"委派"的残留。这些都可阻碍革命工会的发展，必须把他彻底肃清。"工会组织群众化、民主化"是目前重要的口号；都必须尽可能的实行民主制度，吸引广大群众参加工会工作，使广大群众认识工会真正的是自己的组织。这是革命工会发展并巩固自己的前提。尤其重要的就是必须特别注意铁路、海员与重工业的工人；这是工人阶级中最主要的力量，这是革命工会最主要的基础。必须将这些重要的产业工人群众都团聚在革命工会的组织之下，然后才能担负领导全国工人斗争、领导全国革命运动的任务。所以实行工会的民主化，强固革命工会的组织，以吸引广大群众参加工会工作，特别注意发展铁路、海员与重工业工人中的组织，是革命工会第七个大任务。

这些伟大的任务都摆在全国工人阶级的前面,也就是摆在劳动大会的前面。中国工人阶级经过极伟大的革命斗争,有了极丰富的经验,我们相信劳动大会的代表必能总合全国工人阶级的经验,对于执行这些伟大的任务的策略与工作,必能给以极完全的解答;将要进一步的领导全国工人阶级为完成这些任务,完成民主革命以及社会主义的胜利而斗争。因此我们断言:此次劳动大会的成功,将是中国革命与工人阶级彻底解放胜利之起点!

中国共产党始终是站在革命的前面,始终要执行工人阶级的先锋队的使命,而与本阶级密切联络的向一切敌人进攻,为中国革命的胜利而奋斗!为工人阶级的解放而奋斗!为世界共产主义的伟大的前途而奋斗!因此坚决的相信必能得到工人阶级以至广大农民、劳苦群众的拥护,而战胜一切敌人!

中国的革命斗争,正在开始复兴了!

世界革命的高潮将要来到我们的前面了!

领导全国工人阶级以及广大农民、劳苦群众坚决的勇猛的起来斗争呵!

使豪绅、买办、资产阶级以至全世界的帝国主义都在我们的面前发抖!

我们共同高呼:

中国劳动大会万岁!

中国共产党万岁!

赤色职工国际万岁!

共产国际万岁!

打倒帝国主义!

打倒豪绅、买办、资产阶级、国民党!

工农联合万岁!

工农苏维埃革命胜利万岁!

社会主义的胜利万岁!

工人阶级解放万岁!

工人阶级的祖国苏联万岁!

世界共产主义成功万岁!

中国共产党中央委员会

11月7日

(中华全国总工会中国工人运动史研究室编:《中国工会历次代表大会文献》,工人出版社,1984年,第285-293页)

中华全国总工会工作报告[*]

项　英

自全国第四次劳动大会（一九二七年六月）到现在，差不多两年半了；在这个长期间中，全国工人在帝国主义、豪绅资产阶级国民党联合进攻、压迫、摧残、屠杀之下，不断起来抗争。全国总工会是全国二百八十多万工人阶级组织的联合机关，是全国工人阶级的总指挥部。在此全国工人不断的英勇的反抗斗争当中，虽因反动统治阶级对于交通的封锁，对于赤色工会的破坏，使各地工人与全总的直接关系和全总指导各地工会工作上发生不少困难，然而全总在全国工人阶级拥护之下，在全国工人长期的不断斗争中，终于能够打破这些困难，卒至在全国工人运动发展中，于十月革命十二周年纪念的十一月七日，实现了今天的劳动大会。全国工人代表能相聚一处，共同检阅过去的工作和讨论今后的工作计划，这是全国工人英勇的斗争和热诚拥护他的总指挥部——全总——的结果。这是我们甚为欣慰的。

在这两年多的长期间中，全国工人运动的发展经过了非常复杂的变化。所以全总的工作如果要详细的很广泛的报告起来，也是非常复杂的。因此，今天报告的范围，只能注意到全总本

---

[*]　本文原载一九二九年十一月出版的《劳动》周刊第十六、十七期《第五次劳动大会特刊》。

身及其所属各工会比较技术方面的工作；至于整个职工运动的叙述，已另有专门报告，在这里不涉及。

我们要说明全总工作的大概，首先要略略说明全总的职任和地位。

全总是全国工人群众组织的联合总机关，在中国民族革命史上负着重大的责任，占了重要的位置。中国工人阶级在反帝国主义及豪绅、地主封建势力的革命中，是主要的革命动力。中国革命运动很急剧的发展，达到一九二七年中国革命的最高阶段，就是中国工农阶级参加革命、领导革命的结果。这在以下几个例子就可以证明：

第一，自上海五卅反帝国主义运动，全国反帝的高潮就像潮水一般的汹涌起来；广州六二三沙基惨案，继之省港工人大罢工参加革命运动，置香港英帝国主义于死命，并巩固了那时还带有革命性的国民政府。这一反帝的高潮，使帝国主义在华的统治大大动摇，直至以工人阶级的革命力量收回了汉口、九江英国租界；以三次暴动驱逐了北洋军阀在上海的军队，组织了上海市民政府。

第二，中国南部各大城市（如广州、上海、汉口）工人，反对资本家的过份剥削与榨取，不断地发动急剧的经济斗争，工人生活的确得到相当的改善，更增加工人革命的力量；另一方面则使资产阶级震惧异常。

第三，城市工人在革命运动中表现伟大的力量，而广东、两湖的农民，久处地主、豪绅、军阀们的高压和剥削之下，亦在革命蓬勃的高涨中抬起头来。他们在农民协会组织领导之下，努力于推翻地主、豪绅的统治，进行土地革命，动摇中国封建制度的基础。

这一工农阶级联合领导的革命，革命的运动才有急剧的进展。换言之，中国革命能够很快的由广东进取武汉，把北洋军阀打倒，也就是我们工农阶级领导革命的结果。

中国革命发展俱在中国工农阶级领导中进行。工农在革命运动的地位愈重要，工农阶级的革命势力也愈发展，因此，国民党及地主、豪绅资产阶级畏惧工农势力的澎涨动摇其统治地位，更为维持其无限制的剥削工农、榨取工农的制度，就无耻的公开的背叛中国革命，结合帝国主义、军阀、官僚、豪绅、地主，联合一致进攻工农阶级。在所谓北伐的当中，他们就已设下进攻工农的计划；到一九二七年四月十二日蒋介石的屠杀工人，资产阶级的反革命更加明显。接着，四月十五□□□在广州的大屠杀，夏斗寅在鄂西的大屠杀，长沙五月二十一日的大屠杀，帝国主义、豪绅资产阶级、地主联合一致地向工农阶级下总攻击令，企图消灭革命工农势力，以遂其建立反动统治政权的迷梦。

在豪绅资产阶级公开的背叛革命、到处屠杀工农的时候，全国第四次劳动大会正聚集全国代表开会于武汉，讨论全国工人运动以及工农革命运动的进行计划。四次大会闭幕，即以这些重大任务交付全总执委去执行。可是不久，武汉政府如汪精卫等继续投降帝国主义，跟着蒋介石公开的反动了，说"工农运动太激烈过火"。在他们的意思，是不愿意工农运动损伤帝国主义的毫毛，不愿意损伤豪绅、地主的皮肉。工农革命势力动摇了帝国主义在华的统治，动摇了封建制度基础，他们自然是认为"太激烈过火"！

四次大会以后，资产阶级的反动、白色恐怖更加厉害，湖南、湖北、江西、广西工农阶级都不断的被汪精卫、□□□、朱培德、胡宗铎、□□□等大屠杀；河南□□□在卫辉纱厂的大屠杀，天津、北京张作霖的大屠杀，全国各地无不洒上工农的革命热血！最后，一九二七年十二月十三日帝国主义又伙同广东军阀李福林、张发奎、□□□等在广州市大屠杀革命工人五千九百余人。工人阶级在反动统治白色恐怖底下而牺牲者，前后达十数万人！

反动统治的极端的白色恐怖的镇压，工人领袖以及一般活动干部分子多数牺牲或流亡；全国赤色工会被封闭解散；工人阶级政治上的自由完全被剥夺，而经济生活尤为痛苦。过去工人斗争得到的条件全被取消，工资减少，工作时间加长，更加以改良主义的欺骗，全国工人阶级愈陷万分痛苦。

在各地职工运动遭了这样大的摧残以后，赤色工会的工作就不能不转变到一个秘密状态之下。然而，四次大会交付给全总的任务，就是领导全国工人阶级向反动统治阶级反攻；在斗争中艰难困苦的发展工人群众的组织，尤其是要注意大的产业工人群众的组织的恢复和发展，以实现工农阶级革命的任务。所以全总在这两年多的中间的工作，就是努力执行这一个任务。

全总为了实现这一任务，在一九二八年二月间曾召集各产业工会、各重要地方总工会的干部，开了一次扩大会。在这次会议中，估量客观环境及主观力量，改正第四次大会政治的错误，计划全国的职工运动的工作。工作的原则上是：要从组织上和宣传上领导所属工会积极地启发群众的阶级意识，发展和领导群众的斗争，扩大群众的组织。工作要点分列如下：

（一）确定政治新任务，坚决推翻国民党、帝国主义的反动统治。

（二）特别注意海员、铁路、矿工、纺织、五金等产业工人，及上海、天津、青岛、香港、广州、武汉等大城市工会工作。

（三）对于铁总、海总、上总（现改组为上海工联会）及全总南方办事处（现已取消）工作，经常予以有力的指导，并随时派人巡视指导其工作。

（四）加强对于上海工作的指导，经常参加上海的会议，实际帮助上海建立工会群众的组织。

（五）在工人斗争期内，注意派人巡视，直接指导各地的工会斗争。

（六）在严厉白色恐怖摧残之后，工运干部人才的缺乏，影响工作甚大，故必须开办工会干部训练班，同时督促所属各工会就地开办训练班，养成干部人才。

（七）积极注意宣传教育工作，并实际帮助所属各工会的宣传教育工作。

（八）研究国内经济、劳动情形及职运的一切理论和实际问题，随时供给各干部及群众组织，作宣传教育的材料。

上述各要点，可以说是全总在一九二八年二月扩大会后至一九二九年二月扩大会前，一年间的工作标准范围。虽然在工作进行中不能全盘的顾到，但工作方针大体上是没有改变的。

在一九二八年二月第一次扩大会议后至一九二九年二月，这一年中间，全国职工运动的发展已开始到一个新时期，而黄色工会在各地的发展以及其欺骗宣传，在部分的群众中不免受到相当的影响。同时，又接到赤色职工国际第四次会议决议案以及其指示中国工运的信；全总为着职工运动计划和策略更加正确以及如何去切实执行国际的指示起见，又于今年"二七"五周年纪念日，在上海举行第二次扩大会。事先通知全国赤色工会及同情赤色工会的工人组织，选举代表参加，除各大工业区及各重要产业均有代表列席外，尚有几个省份因白色恐怖严重压迫，所选派的代表未能登程，或中途被阻。计到会代表全体共计十七人（天津、山东、河南、江西各一人，满洲、广东、海员各二人，江苏七人），委员列席五人，其中尚有代表一人于开会期内被上海帝国主义工部局无故逮捕，迄至今天才释放。代表中计分：铁路二人，矿工二人，海员二人，纱厂三人，交通一人，店员一人，印刷一人，五金一人，妇女二人，其他二人。

此次会议是在帝国主义、中国军阀国民党军警联合监视之下举行，所以全体会议的会期前后共计四日（二月十七日至二十日），连各委员会（铁路、海员、矿工、上海及总任务等委员会）的工作前后经过一星期的讨论。为经济时间及注意中心问题起见，在议事日程中只规定极重要的报告及发展主要问题的讨论，其内容如下：

（一）出席赤色职工国际第四次会议代表的报告——苏兆征；

（二）出席太平洋劳动会议扩大会议代表的报告——文虎；

（三）全国职工运动状况的报告——项英；

（四）海员、铁路、上总、南方办事处、青工、女工等报告。

此次会议所讨论的主要问题，为黄色工会与改良主义、工厂委员会及斗争策略等，通过的决议凡七件：

（一）中国职工运动目前的总任务（附青工、女工问题决议案）；

（二）国际报告决议案；

（三）太平洋劳动会议报告决议案；

（四）中国铁路工人运动决议案；

（五）中国海员工人运动决议案；

（六）中国矿工运动决议案；

（七）上海工人运动决议案。（各报告及各决议均见《中国工人》第八期）

经过此次会议以后，工运计划和策略更为正确，工作更为切实的到群众中去。全总工作在第二次扩大会后直到现在，都是为着执行这些决议案而努力。

全总工作在大体上已如上述。现在我们更为较详细的叙述全总过去两年多的工作的情形：

一、领导斗争

全国工人阶级在资本进攻底下，生活痛苦已达极点；加以帝国主义、国民党军阀联合的压迫，工人的集会、言论、罢工等自由完全被剥夺殆尽。在此情形之下，全国工人阶级为争政治上的集会、言论、罢工等自由，争经济上的条件，不断的起来斗争。全总在全国工人阶级不断的大小斗争中，无不直接的或间接的领导，给以正确的斗争策略，使斗争达到胜利。最著为去年上海法电工人的斗争、邮务工人的斗争，今年煤炭、码头、丝厂、估衣业等工人的斗争，尤其是法电及邮务，全总尽全力参加这些斗争，领导这些斗争。此外如海员工人、皇后船反包工制剥削的斗争，全总加重对于海总的指导，以正确策略领导海员工人的斗争。唐山五矿工人的斗争，全总特派专员参加指导工作。江西景德镇二十万工人自五月份到现在，不断的发动大小斗争，全总特派专员参加指导。在领导工人的斗争中，全总给各工会的指导，在策略上特别指出者：（一）在斗争中加紧巩固和发展群众组织和训练；（二）揭出黄色工会的始则延搁政策以缓和工人斗争，继则以领导斗争来消灭斗争，使斗争走向失败道路的欺骗政策（如上海邮电工人斗争，以及唐山工人斗争）；（三）指出斗争的领导权要完全在工人手中，一切条件要由工人群众解决，以防止工头和少数黄色领袖的出卖和妥协（如皇后船的斗争）；（四）在斗争中积极扩大赤色工会的政治影响，加紧反对黄色领袖。各种斗争的结束，无论胜利和失败，更将斗争的经过和教训编成专册，以教训工会干部和工人群众，以为在斗争中的借镜。兹将我们所领导的斗争，简单统计如下：

一九二八年上海罢工统计[①]

月份	件数	赤色领导的件数	非赤色领导的件数	人数
1	7	4	3	10812
2	8	3	5	7265
3	8	4	4	56113
4	12	3	9	4670
5	7	3	4	2492
6	4	3	1	66095
7	14	4	10	7697
8	15	5	10	18102
9	14	4	10	9755
10	13	5	8	9078
11	22	9	13	11587
12	16	7	9	23237
共计	140	54	86	234806

---

① 编者注：表中数字相加不符，原文如此，未做改动。

一九二八年下半年我们领导的斗争

地名	斗争次数	我们领导的
上海	187（下半年）	70
香港	12	12
淄博	2	2
浙江	8	8
四川	3	3
云南铁路	13	13
抚顺	1	1
共	226	109

二、发动群众的组织

有组织才有力量，有健全广大的组织才能表现斗争的力量，斗争才有胜利的可能。自国民党无耻投降帝国主义反叛中国革命后，全国各级工会尽被封闭，或完全在秘密状态之下。因此，赤色工会的活动范围，缩小到极小的范围，加以严厉白色恐怖摧残，一般工人畏惧心理还未完全消除，间有表示不愿组织的。这自然是不正确的观念。全总除直接或间接指导各工会积极领导工人的日常斗争，在斗争中发展群众组织外，更随时注意客观环境的需要和主观力量的所及，随时派专员到各地帮助当地群众组织的工作，如满洲、唐山、津浦铁路、沪宁铁路、沪杭铁路、武汉、江西景德、香港，全总均派专员到各地帮助群众的组织工作（全国群众的组织现状，俟下文再详述）。

三、宣传教育工作

宣传教育工作是提高工人阶级的阶级意识、揭破国民党黄色工会的欺骗阴谋的最重要的工作；全总对于这种工作，经常的注重。计出版方面，有《中国工人》，初为半月刊，系一种职工运动的理论兼内部阅读的刊物，自一九二八年十一月一日发刊，出至第七期后改为两月刊，内容亦变更，纯为职工运动理论的指导，现已出至八期。但近数月来，因工作发展，工作人员多出外巡视，遂未能顾到，尚未续刊。同时为提高一般工会干部文化及群众煽动起见，帮助上海、广东各出《工人日报》，并帮助其自办印刷，解决印刷上的困难。至于政治变化急剧的时候，除印发宣言（如军阀战争以及最近国民党承帝国主义的旨意进攻苏联等），更印发临时鼓动日刊（如四月间蒋、桂军阀混战时印的《混战小报》）；为使工人群众特别学习斗争的经验，对于每一次较大的斗争，作有系统的叙述，编成小册子（如上海法电、邮务斗争的《工人宝鉴》、皇后船斗争即由海总将始末编成小册子等）。至今年八月间，更觉宣传工作尚未足供工人群众以及干部之需求，遂又出版《劳动周刊》；同时翻印国际职工运动的材料，以为训练干部之用。并有编印职工运动小丛书以及有关中国劳动书籍的计划，现在从事编纂，不久当可以完成。

全总不但注意本身的宣传工作，同时亦注意各工会的宣传工作，注意指导各工会自办工厂小报。对于上海工会的宣传工作及日报、三日刊，颇便于就近指导，较有成绩。其他较远之处，则以书面指导。

全总前后刊印的宣传品，计大小共三十二万六千五百，印刷问题已用很大力量解决困难，虽然因各地工会尚多无直接关系，以及反动统治阶级对于交通之封锁，发行上的困难仍未能解决，宣传品尚不能普遍的达到各地工人群众中去，但宣传收效尚称不坏。兹将全总刊物表列下：

宣传出版物的统计

出版物名称	出版年月	定期或不定期	每期份数	总份数
《中国工人》	1928.12.1	初为半月刊后改为两月刊	3000	24000
《工人宝鉴》	1928.11	不定期，已出两册	3000	6000
《混战小报》	1929.4.6	两日刊	4000	40000
传 单		不定	每种3000至5000	215000
《职工国际决议案》	1924.12		2000	2000
《职工运动报告》	1929.5		1000	1000
《劳动周刊》	1929.8.1	每周一期	2300	34500
《革命与苏俄》	1929.10		4000	4000
总计				326500

附：

各工会定期刊物表

工会名称	刊物名称	期间	附注
铁总	《火车头》、《铁路工人》	周刊	
海总	《中国海员》	月刊	
上海海员	《海灯》、《海员生活》	周刊，旬刊	
上总	《上海工人》	三日刊	
上海工联	《上海画报》、《日报》	三日刊、日刊	即上总前身

续表

工会名称	刊物名称	期间	附注
上海工联	《工联》	三日刊	
福建	《厦门工人》		
香港工代会	《工人之路》、《香港工人》		
顺直	《天津工人》		
北京	《北京工人》		

（各工会刊物以收到者为限）

教育工作——这个工作是在上海一个地方开始工作，其他各地尚未顾及。这工作在今年五月间开始，办理稍有头绪和成效后，即交上海工联会继续办理。上海工人教育分工人读书班及工人学校两种，这工作是一方使工人多认识字以启发其阶级意识，一方利用教育的关系，扩大群众的组织工作。初开办时即成立教育委员会，指定委员五人；全总经常参加会议，讨论教育计划，审定教材，以及读书班及学校的计划。办理三月，读书计发展至五十二班，学生四百余人。学校则有□□□学校二十余人，□□学校数十人。现这些工作已完全交上海工联会经常办理（除全总特别自办的一校外）。工作发展情形，工联报告当有详细，不重叙述。

四、训练干部人材

全国工运干部，在国民党长期的白色恐怖摧残底下，不少牺牲，而全国工运工作的发展，各地工会的干部更觉需要。虽然在不断的斗争中养成不少的新的干部人材，但仍不足供工运发展客观上的需要。因此，全总第二次扩大会议后，由于工作路线的改变，由下向上的建立工会组织系统，这要实行"到工厂、作坊去"，才能建立真正的群众工会基础。要实现这一正确路线，干部人才的养成和训练更是刻不容缓。于是决定开办训练班，第一班训练海员与铁路学生十四人，三星期毕业。同时更帮助海总、铁总、上海各在当地办训练班，全总派人参加训练，或由各工会负责。计已受训的干部三十余人。在上海，更有继续开办上海铁路、五金工人的训练班，以及找一班热心工运的人才训练，以供全国各地需要的计划，这计划不久即可实现。

五、指导工作及巡视工作

在工运工作日有发展的当中，一切斗争、组织、宣传，对黄色工会的策略，工厂委员会的运用，斗争的发动，斗争的汇合与联系……的工作中，执行正确的策略以及策略的转变，都是非常重要的问题。因此，全总对指导工作非常重视，对于上海总工会（现在为工联）的指导工作，均由全总经常派人参加各级会议，共同决定各种日常工作问题，予以实际上的指导与帮助。在一九二八年十二月间，曾举行上海工作的下级巡视，由全总分派工作人员到市政、交通、运输、纱厂、丝厂、重要手工业及店员工会中，实际考察工会及群众情形，参加讨论问题和决定，随时予以指导和纠正其错误，使工作路线更能正确，工作更能发展。对于铁路、海员、从前的南方办事处、香港工代会，则以地域远离的关系不能直接参加指导，只能经常以书面指导；有重大问题和必要时，则召集各工会负责人参加全总会议，共同讨论工作问题。至于上海海员，沪杭、沪宁、津浦路南段工作，均由全总直接负责经常指导。

至于其他各地有工会组织之处，因组织关系未能与全总直接发生关系，或尚未形成组织者，亦设法使之间接发生关系，用种种方法使全总的指导能达到各地工会和工人群众中。

巡视全国重要产业区域，帮助当地工人建立组织的计划，在二次扩大会后，也曾具体的计划；但重要的地方和产业，如天津、北京、唐山、满洲、江西、香港、铁路、海员等，曾先后派专员出发巡视。巡视员到达各地，除实际考察各地各工会工人情况外，更以种种方法帮助各地各工会建立和发展群众的组织，并使与全总能经常发生关系。这一工作实行以后，工作进展可以说已达到一个新时期。

六、全总常委的经常工作

全总常委经常的举行指导全国各地各工会的工作会议。在两年多中间，除二次扩大会议后常委数人出国参加第四次职工国际会议，不在会外，其余时间会议照常进行，很少间断，计共四十六次。讨论的问题主要的是工作路线、斗争策略、宣传、组织、工厂委员会、黄色工会以及各产业工会、地方工会问题，计讨论的问题，主要的有二三八件。兹列表如下：

常委会议及讨论问题统计表

常委会议总次数	46	附记
讨论各种问题的件数		关于讨论问题的次数，只择各种大问题加以统计，至于小的技术工作的讨论，每次常委都有五六件，尚有不提出常会，直接由秘书处解决者亦颇不少；因不关重要，故不列入统计
组织问题	15	
宣传问题	12	
斗争策略	27	
黄色工会及工厂委员会	19	

续表

		附记
铁路问题	31	
海员问题	34	
矿山问题	2	
上海问题	37	
香港工代会	4	
反帝国主义及世界大战拥护苏联	4	
劳动大会	6	
其他各地工作	47	
共计	238	

至于全总秘书处经常工作，则随时和各地方工会、各产业工会的代表接洽，解决各种问题。计和各地代表接洽最多的是天津、香港、海总、铁总及满洲、武汉、江西、云南各地。

秘书处发出各地的文件是经常不断的，关于重要的政治问题如：反国民党反军阀战争，反黄色工会的欺骗，以及最近的反帝国主义、国民党的夺取中东路、进攻苏联，反世界大战，均普遍宣传，使赤色工会政治影响深入群众，更通告所属各工会，指示各种问题的工作进行。而主要的仍是指导各地方工会、各产业工会的文件，计指导海员九件，铁路八件，南方办事处一件，香港工代会一件，天津二件，满洲二件，山东二件，河南三件，陕西一件，广东三件，福建二件，江西二件，安徽一件，云南三件，报告国际四件，致各兄弟国工会四件，通告十三件。兹将详细统计如下：

发出文件统计表[1]

类别	件数	附记
关于政治的	37	
关于指导的	41	指导各地方、各产业工会工作的重要文件，普通信件不计
通告	13	
报告职工国际	4	除经常报告太平洋劳动会议不计，专书报告太平洋及职工国际者
致兄弟国工会	4	印度工会、南洋工会、美国工会、苏联工会
关于技术的	24	
其他	4	
共计	127	

七、全总与赤色职工国际及太平洋劳动会议秘书处的关系

赤色职工国际是全世界各国革命工人的组织，全总也是加入赤色职工国际的，因此国际与全总是有经常的关系的。在去年五月，全总曾派代表数人出席国际会议，全总按时将全国职工运动向国际报告，国际亦随时指导全总工作，全总亦派代表经常驻在国际，随时将中国职工运动问题向国际提出，讨论工作的进行计划，太平洋劳动会议是太平洋沿岸各国革命工人的联合组织；全总并派人参加秘书处的组织。去年十一月秘书处扩大会议，全总派代表二人参加。今年八月一日太平洋劳动会议第三次大会在海参威开会，除各地工人代表外，全总亦派代表参加。反帝大同盟亦在八月一日在欧洲开会，全总亦派代表

---

[1] 编者注："关于指导的"件数，上文加和为40，统计表中为41，原文如此，未做改动。

一人前往参加，现代表因交通关系尚未回国。至于赤色职工国际及太平洋劳动会议的组织及详细情形，备载赤色职工国际第四次会议决议案、太平洋劳动会议的缘起及其组织及全总出版之《中国工人》第八册中。兹不赘述。

八、全总与各国工会的关系

各国革命工会和全总，同是参加职工国际同时在国际指导之下工作，和各国工会自然是应有很亲密关系的。中国工人阶级在1927年遭受空前的白色恐怖摧残之后，各国工人阶级尤其是苏联工人，都不胜愤慨和同情。国际曾经号召世界各国工人举行"援助中国职工运动周"，以精神和物质的援助，这是各国工人在我们全国工人长期艰苦的奋斗中，给予我们的鼓励。这更在实际上证明：全世界无产阶级是站在一条战线上，联合一致的向帝国主义和资产阶级进攻。至于全总和各国工会的关系，也应略略说及。在第一次扩大会议后，曾发出告太平洋各国工会书，在印度棉织工人大罢工中，致电鼓励其斗争的勇气。菲律宾工会与全总常有文件来往。南洋总工会在太平洋劳动会议三次大会前，系由全总指导其工作，亦常有文件往来；现南洋总工会已由太平洋秘书处直接指导，但和全总关系甚密。在帝国主义指使国民党强夺中东路、进攻苏联的事件发生后，全总曾通电世界各国工人及苏联工人，一致武装拥护苏联，反对世界大战，同时更和日本工会、菲律宾工会共同对于中东路事件发表宣言，指出帝国主义和国民党进攻苏联的阴谋。

至于最近反对帝国主义、国民党进攻苏联的工作布置：中东路事件发生，显然是帝国主义进攻苏联的初步工作，他们嗾使他们的走狗——国民党强夺中东路，以为进攻苏联的根据地，全总即通告全国工人（通告第十号）。通告中具体的指出：

（一）反动国民党仰承帝国主义的意旨，一步一步的加紧对于苏联的进攻；

（二）反动国民党假造苏联红军进攻的谣言，以及其公开的向帝国主义请求公断——共管的丑态；

（三）指出帝国主义对于苏联进攻，同时就是实行瓜分中国；

（四）帝国主义及反动国民党为着进攻苏联，同时对于工人阶级的斗争加紧压迫和摧残；

（五）全国工人必须一致起来，反对帝国主义国民党进攻苏联，保护中国革命，反对瓜分中国；在这斗争中要与工人一切斗争联系起来。

关于全总工作已略如上述。现在说到全总的现况，以及全国工人群众组织的概况。

自第四次劳动大会闭幕之后，国民党已完全反动，大会所选出的执委许多因反动统治阶级严厉的压迫，执行工作职务发生困难。因此，在一九二七年全总乃由武汉迁至上海。一九二八年二月第一次扩大会议后，常务委员会才能正式成立。但这期间，又以出席国际会议，常委在上海者只二三人，组织仍未健全，直到九月间常委（七人组织之）乃能健全地成立。组织系统如下：

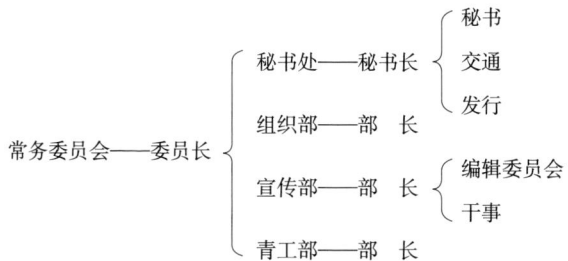

在全总下面所属总工会之组织,计有:

(一)上海总工会(现为上海工联会);

(二)铁路总工会;

(三)海员总工会;

(四)全总南方办事处(在广东);

(五)南洋总工会(在新加坡现由太平洋秘书处直接指导)。

其他各省有部分的工会组织,但多未形成总组织。

本年二月第二次扩大会后,全总本身及所属各工会的组织均有变更,为使工作更深入群众,从下而上建立真正的群众的基础起见,采取缩小上层机关和减少委派人员的办法,全总即将各部分立的组织裁撤,常委之下只设秘书处,减少机关工作,实行集体的指导和参加下层群众的工作;南方办事处取消。海总、铁总、上海也采取这个原则,机关尽量缩小,工作更切实的转到群众方面去。

在这个期间,全总所属各工会工作因工作路线的转变,虽然遇到许多困难,然而努力的在正确的路线之下艰难困苦工作,群众工作确有不少的进步,详细另有各工会单独报告。兹将各工会工作情形、群众组织状况概述如后:

一、上海工会联合会

工联会包括二十余个工会,以上海划分五区,各区成立区工联会,约有会员二万七千余人,包括铁路、海员、电气、纱业、丝业、店员等。其组织统计略如下:

上海工联会群众组织统计表（以区域计）

区别	人数
东	2960
南	2900
西	2480
北	9280
中	6540
浦东	1610
吴淞	1000
闸北、虹口丝厂	760
总计	27530

二、海员总工会

海总设于香港，实际上工作只能注意香港、南洋、外洋船及省河船工作，至于长江船及北洋船，则另设海员分会于上海，由全总直接指导其工作，最近更派人到天津，发动海员组织。过去海员工作没有健全船上委员会的组织，更以海员的帮口观念关系，工作颇感很大的困难。全总二次扩大会后，对于海员工作已有新的纠正，特别注意群众组织的发展，在斗争中发展组织。在此时期发动了皇后船的斗争，群众工作颇有发展，但在广大的海员群众中仍未能成为广大群众的组织。海总新的工作的总报告尚未送到，兹将其去年十一月间报告的组织情形列表如下。至于如何发动与发展，可参看海总对大会的报告。

上海海员分会，最近工作渐有发展的现象，但又生活困难。群众组织还未能形成到很广大的范围。

香港海员组织状况表

航线	公司	轮船总数	有支部的船数	有会员未成支部的船数	会员人数	附记
外洋	昌兴	3	3	无	122	这个统计是海总在一九二八年十一月的报告，迄今如何变化增减，尚未有新的报告来，只能根据这表
外洋	大来	16	2	3	22	
外洋	太古	数+	1	2	9	
哥士	太古	30（+）	无	3	4	
哥士	渣甸	20（+）	3	8	37	
哥士	挪威	30（+）	10	4	96	
哥士	荷兰	10	6	1	48	
哥士	杂号外国船	40（+）	4	7	26	
哥士	杂号中国船	40（+）	7	7	50	
内河	各公司、港、梧、陈	24	5	9	40	
岸上	宿舍	100（+）间	24间	22间	371	
总计		300	41	44	825	

三、铁路总工会

铁总设在天津。铁路工作因过去——一九二八年以前长期的忽视，所以停顿了好久，加以干部人才的缺乏，使工作更加困难。而全国铁路工作范围甚广，铁路工作实际只能领导北方，如京绥、京汉北段，京奉南段，津浦北段；其他铁路因交通和人力的关系，铁总实际上不能顾到。因此，全总二次扩大会后，决定铁路工作先从京奉、京汉、京绥、正太、津浦各主要线路着手，山东、满洲及南方各铁路工作则由各地方工会或全总直接指导工作。

现在铁总工作也渐有发展，铁路工人在赤色工会影响之下有二千余人。中东路三十六栅已发动斗争发动组织；浦镇已成立组织，并发动斗争；沪宁路常州、镇江、吴淞、北站，均已着手组织起来，沪杭闸口有群众组织，但尚未健全；滇越路亦有工会之组织。统计铁路组织现已普及于全国十三条干路。

四、香港工代会

香港工代会在本年七月间，由香港各工会（十一个工会）联合组织。有组织会员可统计者1296人，但会员成分手工业工人占大部分，重要工厂如太古船厂、九龙船厂邮电等或尚没有组织，或有组织基础仍很薄弱。兹将其组织状况列表如下：

香港工代会群众组织表[①]

工人类别	人数	附记
太古船厂	80	
码头工人	30	
煤炭工人	30	
清道夫	100	
九龙货舱	200	香港工代会的工作，还未能发展到大的产业工厂，而主要的大产业工厂大部分有黄色工会的组织。反之，则主要的大产业工厂，则大部分没有赤色工会的组织
黄埔船厂	30	
过海小轮船	6	
烟业工人	120	
半岛酒店	40	
洋务工人	40	
木匠工人	600	
总计	1296	

---

① 编者注：表中数字相加不符，原文如此，未做改动。

五、唐山矿工

唐山五矿工人在今年五月间大斗争以前，差不多完全在黄色工会欺骗之下，自发动斗争，赤色工会积极领导群众斗争，揭破黄色工会欺骗的面具，因此，赤色工会影响逐渐扩大，计现在五矿工人在赤色工会领导之下者一万八千人，如下表：

唐山矿名	人数
赵各庄	10000
林西	8000
共计	18000

此外，福建省总工会最近开全省代表大会，成立组织（福建工会出席代表另有报告）。北平人力车夫有二千人的组织。满洲纱厂，矿山——抚顺、鞍山，中东路各处，最近已发动斗争及组织。广东顺德丝厂工人有五百人的组织；东莞、石龙、佛山、陈材、江门、汕头、广州以及各地，一九二八年上半年赤色工会仍极活动，会员统计有七万七千七百多人。最近未接报告，详情未悉。云南昆明有总工会组织。四川成都有数千手工业工人组织。川东盐业总工会有会员12000人。川西独轮车夫会有会员2000余人。江西大兴纱厂、印刷工人、景德镇的瓷工均有部分的组织。过去北方之天津，山东之青岛、淄博，河南之开封、卫辉、磁州，均有部分赤色工会组织，惟迭遭白色恐怖的摧残，最近已失联络。最近广西之南宁酱园工人、轮船工人及汽车路工人，亦有不少赤色工会会员。

至于赤色区域如湖北、湖南、江西、福建、广东各地，农村工人的工会组织均有广大的群众热烈参加，惟以交通不便，尚未得到详细材料,暂不详述。

(中华全国总工会中国工人运动史研究室编:《中国工会历次代表大会文献》,工人出版社,1984年,第294-312页)

上海工联会代表团报告[*]

从五月以来上海工人运动的形势

在五月那个时候,蒋桂战争虽一时妥协,表面上好像暂告结束,但其给予工人的痛苦,实已至深且巨;加之由这一个战争,更使得帝国主义与帝国主义之间、封建阶级与资产阶级之间,以至于军阀与军阀、个人与个人中间的矛盾和冲突都日益加紧,酝酿着全国的大混战。在这一个酝酿大混战期间,经济方面,可以说从七千万编遣公债起,各种的苛捐杂税都相继逼迫工人负担,上海一地就有七十二种之多。资本家进攻也特别厉害,工人最后一点一滴的血汗都榨取完了。政治方面,则国民党军阀和平统一的假面具,在工人阶级面前已撕得粉碎了;改良主义的欺骗亦逐渐减少影响。统治阶级为要维持其政权起见,只得一面采取白色恐怖的政策,屠杀工农领袖,以至于对一般积极分子不断的加以通缉、逮捕、拘禁;另一方面则组织伪上海市总工会,企图继承"工统"、"工总"、"工整"未了的工作,进一步欺压工人,甚至有组织的利用一切工贼、流氓打击工人的斗争。这些环攻高压,都使上海工人十分悲愤,不得不要更向前更扩大的斗争起来。

---

[*] 本文原载一九二九年十一月二十八日出版的《劳动》周刊第十八期《第五次劳动大会会刊》。

所以从"五一"到"五九"示威运动周，到"五卅"再到"八一"的总示威当中，上海工人都不断的从经济斗争的反攻转变到从政治上给予统治阶级大大的威吓。这一个斗争的形势已经相当的打破了和平合法的观念，打破了三四月间在蒋桂战争当中，敌人环攻高压之下一种暂时保守的局面，陡然转变为抬头昂进着。虽然在这五、六、七三个月当中，因为军阀准备混战，欺压工人的方式特别机警，以致几个大的斗争，如丝厂、华成、电气等相继失败了，给与工人以不好影响；八、九两月间，工人斗争的形势表面虽然无大发展，但实际上上海工人此时是一个最受苦痛的时期。所以一到十月战争的影响，无论在政治上经济上都予工人的痛苦更加惨剧了。因此，工人的斗争又复向前扩大着，他的前途必然是很急剧的。

七月份斗争统计表之五——原因

原　因		次　数
资方之进攻	开除组织工会之工人	2
	勾结巡捕打工人	1
	减少工资	1
	开除工人	4
	扣工资	3
	打工人	1
	厂方压迫	2
	调动人	1
	共计	15
工人之反攻	增加工资改良待遇	3
	增加工资减少工时	2

续表

原　因		次　数
	要求夏季奖	1
	加资	6
	恢复失业工人	1
	要求分花红	1
	反对打骂罚工钱	1
	共计	15
其他	反对党部整理工会	1
	不明	2
	共计	3
统　计		33

现在我们开始论述斗争，概括地分起来是：一、斗争原因；二、斗争范围；三、斗争的方式与结果；四、斗争领导与方式；五、斗争领导与结果。

一、斗争原因

下面都是各月份的斗争原因统计表。

八月份斗争统计表之五——原因

原　因		次　数
资方之进攻	调中班改夜班	1
	待遇恶劣	1
	无故开除工人	3
	辞退工人不给退职金	1
	共计	6

续表

原因		次数
工人之反攻	反对工头，要求米贴	1
	反对工贼及克扣工资	1
	要求不虚发工资	1
	要求米贴	1
	共计	4
其他	要求抚恤	1
	不明	1
	共计	2
统计		12

九月份斗争统计表之五——原因

原因		次数
资方之进攻	不准组织工会	1
	停办	1
	无故开除工人	2
	减少工资	1
	无故打骂工人	1
	共计	6
工人之反攻	要求恢复原资	1
	反对用亨司表	1
	要求恢复原条件	2
	共计	4
其他	打倒包工制	1
	共计	1
统计		11

十月份斗争统计表之五——原因

原　因		次　数
资方之进攻	停办	3
	无故开除工人	2
	打伤童工	1
	共计	6
工人之反攻	加资分红	1
	加工作需补工钱	2
	改良待遇	1
	要求开除工贼	1
	反对九条厂规	1
	共计	6
其他	要求米贴	7
	反对国民党工贼	1
	共计	8
统　计		20

根据上表可以看出：

1. 七月份工人是反攻资方，八月份则两不上下，九月份工人才转变为保守的形势，但到了十月份工人又急剧向资方反攻。

2. 在七月工人反攻资方时，工人的要求多半是增加工资、要求津贴、改良待遇等，以后八、九两月，资本进攻特别厉害，十月份工人不但反对资本进攻，而且不断的要求米贴，包含着反对军阀混战，里头有很大的政治的意义。

二、斗争范围

七月份斗争统计表之一——业别与人数

业别	次数	罢工日数	工人总数	参加人数
纱厂	2	5	9850	1910
纱厂	5	38	24600	24600
市政	9	74	8780	2130
制盐	1	1	508	508
金属业	1	1	120	120
制麻	1	16	2000	2000
烛皂	1			
制片	1	18		
运输	1	1		
码头	1			
烟厂	1	1	1500	1500
印刷业	1		1300	
店员	3	75	10600	7600
手工业	4	16	2000	2000
公役	1	2	36	36
统计	33	248	61294	42404

八月份斗争统计表之一——业别与人数

业别	次数	工人总数	参加人数	罢工日数
纱厂	3	7700	5014	12
市政	3	3400	2610	19
印刷	2	222	222	15
烟厂	1	7000	7000	7
制麻	1	2000	2000	1

续表

业别	次数	工人总数	参加人数	罢工日数
海员	1	200	200	2
制盐	1			
统计	12	20522	17046	56

九月份斗争统计表之一——业别与人数①

业别	次数	工人总数	参加人数	罢工日数
市政	2	3000	900	22
纱厂	4	13900	2430	11
棉织	4	20700	20550	16（几十小时）
丝厂	2	1200	1200	11
烟厂	2	6500	6500	10
印刷	3	5300	5300	12
手工业	1	50	50	7
制革	1	2200	2200	10
店员	1	103	103	7
统计	20	52953	42233	105（几十小时）

十月份斗争统计表之一——业别与人数②

业别	次数	工人总数	参加人数	罢工日数
纱厂	4	8200	1600	33
丝厂	2	3500	2320	8
市政	1	700	700	10

①② 编者注：表中"参加人数"数字相加不符，原文如此，未做改动。

续表

业别	次数	工人总数	参加人数	罢工日数
码头	1	280	280	5
手工业	1	50	50	7
制麻	2	4000	1500	20
统计	11	16730	5450	83

把上面表研究一下，有几点值得注意的：

1. 这四个月来的斗争，仍然是和去年下半年、今年上半年一样的畸形的发展着，而不是普遍的都有斗争。

2. 店员、手工业的斗争，四个月是缩小了。

三、斗争方式与结果

七月份斗争统计表之三——方式与结果

方式＼结果	胜利	失败	妥协无结果	未解决	不明	统计
罢工	10	8	1		6	25
和平交涉	1	1	1		4	7
直接行动			1			1
厂方自动加资						
不明						
统计	11	9	3		10	33

八月份斗争统计表之三——方式与结果

方式＼结果	胜利	失败	妥协无结果	未解决	不明	统计
罢工	5	1	2			8
和平交涉		1		1	1	3

续表

方式＼结果	胜利	失败	妥协无结果	未解决	不明	统计
直接行动		1				1
厂方自动加资						
不明						
统计	5	3	2	1	1	12

九月份斗争统计表之三——方式与结果

方式＼结果	胜利	失败	妥协无结果	未解决	不明	统计
罢工	2	2			1	5
和平交涉	2		2			4
直接行动		1	1			2
厂方自动加资						
不明						
统计	4	3	3		1	11

十月份斗争统计表之三——方式与结果

方式＼结果	胜利	失败	妥协无结果	未解决	不明	统计
罢工	5	1	1	1	1	9
和平交涉	2		2	4	1	9
直接行动	1	1				2
厂方自动加资						
不明						
统计	8	2	3	5	2	20

其次我们来研究斗争的方式及结果。根据上表，也有几点值得注意：

1. 四个月当中，罢工共四十七次，其中胜利二十二次，将及总数之半；其次即是妥协的占四次，失败的占四次。

2. 和平交涉共二十三次，胜利的仅五次，失败与妥协的共七次，其间有五次尚未解决。以目前和平交涉形势来看，要求得胜利当然很少可能。

3. 直接行动共六次，胜利的一次，妥协与失败共五次。

4. 四个月当中，总共有七十六次的斗争，罢工的占四十七次，和平交涉的占二十三次，直接行动的仅六次。

根据以上的分析，即是群众斗争的方式罢工的多，和平交涉已逐渐减少；而其结果，则罢工的百分之四十是胜利的，和平交涉的仅百分之十五是胜利的。

四、斗争的领导与方式

七月份斗争统计表之四——领导与方式

领导＼方式	罢工	和平交涉	厂方自动加资	直接行动	不明	统计
工联	12					12
工联影响	2	1		1		4
国民党	2					2
自发	4	3				7
不明	5	3				8
统计	25	7		1		33

八月份斗争统计表之四——领导与方式

领导＼方式	罢工	和平交涉	直接行动	厂方自动加资	不明	统计
工联	5	1				6
工联影响	1					1
国民党	1	1				2
自发	1	1	1			3
不明						
统计	8	3	1			12

九月份斗争统计表之四——领导与方式

领导＼方式	罢工	和平交涉	厂方自动加资	直接行动	不明	统计
工联	2	4				6
工联影响				2		2
国民党	1					1
自发	2					2
不明						
统计	5	4		2		11

十月份斗争统计表之四——领导与方式

领导＼方式	罢工	和平交涉	直接行动	厂方自动加资	不明	统计
工联	4	4	2			10
工联影响	1	2				3
国民党		1				1
自发	4	1				5

续表

领导＼方式	罢工	和平交涉	直接行动	厂方自动加资	不明	统计
不明		1				1
统计	9	9	2			20

从上面的表看来：

1. 在领导方面，工联的确力量加强了；七十六次斗争中，四十四次是工联领导的，即其明证。相反的，国民党领导的力量则惊人的缩小了，盖七十六次斗争中，其能领导的仅六次；至于说到自发的斗争共十七次，也比上年减少了。

2. 以领导的斗争方式而言，则无论工联会、国民党或自发的斗争，均侧重在罢工。比如工联领导的斗争共四十四次，罢工的竟占二十七次；国民党领导的共六次，罢工的亦占四次。尤其是自发的斗争共十七次，其中罢工的竟占十一次。这是打破了过去的状况，十分值得注意的事。由这里就可以看出，群众在高压之下，需要有组织的罢工去反对敌人。

五、斗争的领导与结果

七月份斗争统计表之二——领导与结果

领导＼结果	胜利	失败	妥协无结果	未解决	不明	统计
工联	7	4	1			12
工联影响		3	1			4
国民党		2				2
自发	4		1		2	7
不明					8	8
统计	11	9	3		10	33

八月份斗争统计表之二——领导与结果

领导＼结果	胜利	失败	妥协无结果	未解决	不明	统计
工联	4	1		1		6
工联影响			1			1
国民党		1	1			2
自发	1	1			1	3
不明						
统计	5	3	2	1	1	12

九月份斗争统计表之二——领导与结果

领导＼结果	胜利	失败	妥协无结果	未解决	不明	统计
工联	3	1	2			6
工联影响		1	1			2
国民党		1				1
自发	1				1	2
不明						
统计	4	3	3		1	11

十月份斗争统计表之二——领导与结果

领导＼结果	胜利	失败	妥协无结果	未解决	不明	统计
工联	6	1		3		10
工联影响		1	2			3
国民党				1		1
自发	2		1	1	1	5

续表

领导 \ 结果	胜利	失败	妥协无结果	未解决	不明	统计
不明					1	1
统计	8	2	3	5	2	20

上面的表,很明显的表示出:

1. 四个月当中,七十六次斗争仅二十八次是胜利的,而且这些胜利还是新近的米贴斗争;其次,失败的占了十七次,妥协的亦占了十一次。这可以证明敌人进攻工人的方式,比过去特别机警。

2. 工联会在四个月当中,领导过的斗争共四十四次,胜利的占二十次,失败的占十二次,妥协的亦有八次,未解决的则为四次。

国民党领导的没有一次胜利,四次失败,一次妥协,一次未解决。

自发的斗争共十七次,其中倒有八次胜利,失败与妥协的仅有三次,其余不明或未解决。

此地有几个特点应该指出:

(1) 国民党十次领导斗争,十次是出卖群众。

(2) 工联会的领导虽已加强了,但在全部所领导的斗争中,妥协的仍有八次(即是百分之五十)。

(3) 自发的斗争胜利多,失败的少,不是一个反常的事情,而是资本家给予工人一点小惠,无非是想消灭大的罢工罢了。

斗争论述完了。目前急需报告的是黄色工会与赤色工会的工作。

一、黄色工会的工作

在中国大革命失败之后，黄色工会随国民党改良主义的欺骗政策而产生出来，是必有的现象。唯其如此，便成了我们在职工运动过程中一个劲敌，现在把他分几部来说明：甲、黄色工会的组织形式；乙、黄色工会的基础；丙、黄色工会改良主义的欺骗方法；丁、黄色工会内部的冲突和分化。

甲、黄色工会的组织形式：上海的黄色工会，已经是有悠远的历史。以前"工统"、"工总"、"工整"七大工会的组织被群众斗争冲破了之后，直至今日又有了"上海市总工会"；在这个总工会底下的黄色工会，最大的还是过去所谓七大工会，如南洋、英美、报界、商务、邮务、华商等。他的组织形式，完全是利用反动的势力公开的存在着；大部分只有上层的执常委会的组织，很少健全的小组干事会等。

乙、黄色工会的基础：在过去，黄色工会并不是完全没有基础，如商务工会的小组实行什么三民主义的党化训练，以及组织一些法西斯蒂的团体，监视并领导一部分革命分子等，都是证明他是有相当的群众。但自去年法电、邮务斗争被国民党出卖，以及军阀一再火并，黄色工会的基础亦随之而削弱了。

丙、黄色工会改良主义欺骗的方法：虽然黄色工会的基础逐渐削弱了，但他并不因此而减少他对于欺骗群众的努力，反之，在目前军阀混战当中，所谓拥护中央、反对非蒋系的军阀，拥护民族利益、反对暴俄，主张阶级妥协、劳资合作等宣传，仍然企图扩大；并且在实际行动上尽量的利用"仲裁"和"调解"或"延缓"的各种方式，以消灭斗争。

丁、黄色工会内部的冲突：但是黄色工会这些对付群众的方式，根本是解除不了工人本身的痛苦，当然也就消灭不了工人的斗争；加之国民党军阀的各个政治派别反映到群众当中的冲突日益加紧，而促成其内部的分化亦特别快。所以最近如商务、南洋、英美等工人斗争，一起来即包含着反对国民党的成见，大多数的工人，都一天一天的倾向工联会的组织路线上来。

二、赤色工会的工作

对于这个问题，我们把他分为四部说明：甲、赤色工会的基础；乙、赤色工会的组织形式；丙、赤色工会的工作；丁、赤色工会在斗争中的作用。

甲、赤色工会的基础：目下这个工会的基础，是建立在市政工人和轻工业工人（最主要的是纺织工人）之上。

乙、赤色工会组织形式：就一般来说，已具有工会组织规模的是电气、彩印、英商电车等工会，其余大部分是用灰色团体名义而起赤色工会的作用。

丙、赤色工会的工作：在组织形式上，赤色工会所负的工作责任完全是和一般赤色工会相同的。工联的政治主张，都要靠每个赤色工会会员常到群众中去起作用。工联的策略和计划，也是靠他们拿到群众中去执行。

丁、赤色工会在斗争中的作用：尤其是到了斗争起来的时候，赤色工会的作用更加显明的表现出来了。哪怕他们只包含极少数的人。或竟至于只有几个人，他总是群众运动的核心。他领导群众离开改良主义和平的影响，走向斗争的反抗的正路。他把敌人发展及其工具的各种阴谋与欺骗一一指给群众看，把正确的策略、斗争方式也一一的告诉群众，并且详细说明各种事变的前途，使群众知所去向。

结论：工联会自从"五一"采取公开活动的工作路线以来，加之客观上政治经济的环境更便利于工作，虽然主观的工作上有许多缺点，统治阶级欺压工人的方式特别机警，但上海工人的斗争向前进展扩大，以及整个的职工运动比以前进步，的确是一件不可磨灭的事实。

斗争方向，在这四个月当中，常是由经济的斗争转变到政治的斗争了，而且其范围是以产业工人为中心，不过海关、铁路、重工业工人的斗争特别的少，这应该注意的。在这许多的斗争中，多半是采取罢工的方式得到了胜利，反之，和平交涉的方式则大部分失败了。工联对于各个斗争的领导，亦比以前加强，国民党的领导特别减弱了，这是工联会能利用公开名义指导和号召斗争的缘故。

其次组织方面，第一，就是工联与群众的关系已经建立了相当的组织形式。赤色工会的会员已经有了相当的发展，能在工人群众当中起核心作用。这也是我们组织上的进步。第二，黄色工会在群众当中改良主义的欺骗日益破产，而且因为军阀混战，国民党各个的政治派别反映到其内部冲突加紧，而起了分化。大部分的群众斗争起来，多半包含着反国民党的成见，一天天的"左"倾，跑上我们的组织道路上来了。

因此，工联的政治影响也日益扩大了，尤其是经过多次的示威以后，政治上的进步比组织上的进步来得快。相反的，国民党的政治影响却一天天缩小了，这也是因为工联不但能公开指导经济斗争，而且能利用组织系统，进一步的经常不断的暴露统治阶级的罪恶,号召群众起来作政治的斗争。

(中华全国总工会中国工人运动史研究室编:《中国工会历次代表大会文献》,工人出版社,1984年,第313-326页)

上海海员工作报告*

一、过去海员斗争与组织历史

甲、自1919年公所领导海员加薪胜利后,公所便无形中成为海员领导机关。这种公所,也逐渐由行会的组织变为阶级斗争的组织。而一般工贼流氓,觉得公所的得势,也就加入去极力活动。

乙、自1925年五卅运动后,海员群众许多由公所脱离出来,加进海员工会。公所的领袖觉得海员工会有政治的活动,也都相率加入,因此,结果广大的海员群众能够起来反对孙传芳,反对傅筱庵,及得到日轮加薪斗争的胜利。这时工会不仅在海员中有势力,即驳轮工人也同时受了影响加入工会组织之内。这是上海海员工作最发展的时期。

丙、1927年国民党反动以后,国民党封闭海员工会,屠杀工人。资本家即乘机将原有条件取消,破坏介绍权,欠发工资及自由开除工友。帝国主义加紧的剥削,官办工会更为虎作伥。而一般海员遂失去公开保障,重复归到各公所领袖把持之下。

二、过去的教训

甲、过去的工作,没有建立船上和公所的基础组织,同时

---

* 本文原载一九二九年十一月十一日出版的《劳动》周刊第十七期《第五次劳动大会特刊》。

又没有提高宣传教育以引起工人阶级觉悟，以至经过白色恐怖之后，工会失去了公开活动，而船上大受打击，公所的领袖随之动摇，少数投降到国民党去。

乙、但海员斗争并不停止，因为在帝国主义、国民党和资本家残酷无理的压迫下，海员斗争是很可能的。但一方面因为公开领导工会失掉了，因此他们多数都存在着等候观念，希望工会再得公开领导他们，并主采合法的斗争形式。

三、目前政治情况与群众情形

帝国主义者在近半年来，不仅加紧进行裁员减薪的剥削，如在花旗船等，而且直接的惨毙海员，如新大明、新康等案及最近的元利轮案。

国民党在加紧对苏联进攻及军阀混战中，将一切中国轮船封去，以军法管理工人，禁止一切自由，甚至强占工友床位，强迫工人到火线去，结果酿成江靖、峨嵋的惨案。

资本家欠发工钱，自由开除工友，使工友罹莫大失业痛苦，一方面米价高涨，使工人求生不得，求死不能。

国民党的官办工会以恢复香港工会为欺骗工友之宣传，而航海公会又高唱加薪，以图和缓工友斗争情绪。

在这样情形之下，海员工友的斗争，是无法避免的。

甲、新大明、新康与元利轮惨案——日本帝国主义者在半年来直接惨毙海员的数量，在二百人以上。但是国民党对这些惨案，到现在还没有解决，所以帝国主义者仍然继续行凶。虽然工人尚不敢直接起来反抗，但他们已认识国民党和帝国主义勾结的事实。元利的惨案更引起海员的愤激了。目前政记和海昌公司的工友，表现已经走上反对军阀战争的行动。

四个月来上海海员斗争表（归香港范围者不在内）

斗争案件	发生日期	原 因	经 过	结 果
新康斗争	七月末	七月二十日，日轮龙野丸，将新康轮撞沉，死工友十人	海委会决定发动被难工友家属及脱难工友组织团体，要求社会援助，及向招商局提出抚恤、赔偿、安置脱难工友、惩凶——日轮等	招商局自提赔偿死者五百元，脱难者六十元，以和缓斗争；但国民党对日交涉，尚无结果
唐山丸工友殴打改委斗争	八月六日	因改委开船强收会费	工友将改委大打一顿	
泰顺索薪斗争				
驳轮工人米贴斗争	十月二十日	军阀战争，米价高涨，生活无法维持	向公司提出要求	资方允每月加五角并允以后按米价增高再加
元利斗争	十月二十日	日轮泰安丸在黄浦江撞沉元利船，死一人		闻公司拟酌量赔偿；对日交涉，循例绝无进行
顺天轮事件	十月二十日	工友走私，被船主察觉，抛下海中，损失二千余元	当时工友非常愤激，拟半海停船，但为头目巧语所骗，他说"我们到岸上公司处才和他理论"	失败
海平反抗运兵斗争	十一月四日	军阀封船，强占工友床位，驱工友露宿	在芜湖停船，不代运兵。军阀用刺刀乱刺，重伤生火工友二名	不明
公所反涉孖沙斗争	十一月一日	因不甘涉孖沙剥削		

乙、欠薪问题——国民党管理下之招商局，因将工人工钱用作军费，以至欠薪三月有多，他们还强迫工友拍照，以限制工友斗争；另一方面又利用头月借粮，以和缓反抗。因此，清发欠薪成为急切之要求。但他们不敢积极起来反抗，只广利、泰顺，在军阀运兵中要求清薪，得到相当胜利。

丙、加薪运动——官办工会和航海公会虽然制造这空气来一方面欺骗，别方面和缓海员，但他们从没有实行一些。

丁、反改委斗争——国民党组织的北方工会与各地改委，同样地压迫海员，强收会费，因此引起唐山丸工友将改委殴打，并公开提出组织老工会。

戊、米贴斗争——国民党军阀战争，引起米价飞涨，因此要求米贴成为海员迫切的要求。驳轮工人对此已得到部分的胜利，并且在条件当中有米贴以后随米价继续高涨而继续增加之一条。

己、反关员斗争——在生活痛苦的压迫下，怡和、太古、招商等工友，普遍多借走私货以弥补，但关员流氓对他们常常加以种种的勒索和妨碍。顺天、新疆等轮工友，反对关员异常剧烈，这更可以引起加薪的斗争。

庚、反军阀战争——军阀封船运兵，使工友生出种种痛苦。海平轮工友因被军阀霸占宿位，在芜湖停船，反对运兵，与国民党军队冲突。

辛、反涉孖沙包工制——最近有些船尾工人，反对涉孖沙的剥削，但他们却不是希图整个推翻这个制度，只不过是退出涉孖沙支配的范围，所以须加紧工人改造公所，这运动才得发展。

半年来，海员的斗争已逐渐由小的斗争走到大的斗争，由本身利益的斗争走到反国民党的斗争，由反对伪海员工会而发生对赤色工会的认识。虽然没有什么整个的、伟大的斗争，但这个趋势，已显然存着。

（中华全国总工会中国工人运动史研究室编：《中国工会历次代表大会文献》，工人出版社，1984年，第327-330页）

中华全国工人斗争纲领[*]

自从中国的资产阶级公开的背叛革命、投降帝国主义、出卖中国民族利益以来，中国的革命斗争不停的进展；中国工农与代表豪绅、地主、官僚、军阀、国民党间的冲突和斗争，更是愈演愈烈，血肉相搏；没有片刻休息的时候。在这个历史上伟大的阶级战斗中，反动的国民党、国民政府虽然用尽空前残酷的野蛮屠杀方法，用尽种种的无耻的欺骗诱惑民众的方法，要想镇压革命，奴役民众，可是中国的工人阶级始终不懈的站在革命的最前线，领导着全国革命势力进攻反革命的营垒，揭破反革命的欺骗，用热血和毅力不断反抗资本进攻，打击反动统治，使反动统治没有喘息安定的机会，全国革命的力量得以重新团结起来。

中国工人阶级自始至终即为中国革命的原动力；这一点在两年来的革命斗争中益加证明。反动的资产阶级、国民党等在1928年几百次罢工中更加明白，如果不把革命的工人阶级施以极残酷的镇压，绝不足以巩固他们的反动统治，安心做帝国主义的走狗。他们更知道中国工人阶级是国际革命势力之一部分，中国工人是在国际工人战线中反资本主义的有力队伍。因此，他们不仅要镇压中国工人革命运动，并且要进一步的在帝国主

---

[*] 本文原载一九三〇年中华全国总工会编的《第五次全国劳动代表大会决议案》。

义指使之下，强占中东路进攻工农祖国的苏联，威胁帮助中国革命的苏联，使中国革命受到间接的损失。这一切都充分的显出反革命的国民党完全变为帝国主义的忠实工具，中国革命民众的死敌。自中东路问题发生后，群众的斗争更奋进，中国革命形势愈发展，国民党国民政府摧残革命压迫民众的企图也就愈来得凶恶。他们一方面派遣奉天的胡匪军队任意屠杀苏联工农弟兄，蹂躏中东路的工会，摧残满洲工人无所不至；同时更在帝国主义指使之下，大规模实行向全国工人阶级更残酷的资本进攻，实行屠杀，实行更无耻的欺骗。

资本进攻现在已扩大到全国的范围：上海、汉口、天津、山东、无锡纺织工厂的合理化，使工人的工作强度无限制的增加；降低工资，克扣工资，滥罚工资，打骂工人，延长夜工，加重童工女工的虐待，使上海八十万工人过空前黑暗的地狱生活。全国的铁路、海员，在帝国主义工头制奴辱之下，工资日减，工作日增，失业工友不可数计。在国内军阀混战之下，拼着他们穷苦的生命为军阀运兵运械，整日整夜的工作不休。既得不到按时发给工资，而且出入火线，牺牲于枪炮之下，像最近峨嵋、江靖两轮的炸毁，交通工友的痛苦真是不可以言语来形容！此外如英帝国主义在香港、日帝国主义在满洲、法帝国主义在云南，他们用最残暴的工头制度，无限度的剥削矿山、城市的工人，用武装工厂警察直接压制工人，勾结当地官僚、军阀、国民党法西斯蒂等摧残工人。至于阎锡山、□□□、□□□及内地军阀、资本家都是虐待剥削，与蒋介石政府之下的如出一辙；尤其是在进攻苏联及军阀战争，南北工友所受直接的灾害更为残酷。中国工人在反动势力环攻之下，不仅是没有足够的工资维持最低生活,不仅是每天要过十一时至十六时的牛马生活,不仅是疾病、养老、伤亡没有丝毫的保障,他们在资本家高压之下简直失去了一切说话、行动的自由,失去了生活的保障;并且他们经常在失业的恐慌中过生活。他们的娇弱的妻室儿女,不断的被资本家强拉进工厂,而将他们自己驱逐到工厂之外去。

国民党、国民政府掩护资本进攻,剥削工人,使工人过到比奴隶还苦痛的生活,自然只有引起工人更激昂的反抗和奋斗,他们于是颁布种种箝制工人的枷锁。国民政府颁布的工会法就是虚伪的法律,企图根本上消灭工人的革命组织,破坏工会的作战队伍,在工会法中不过充分表现强奸工人意志,束缚工会行动,限制工会一切革命的进展,把整个工人革命战线加以破坏,阻止工人为自己利益而战争的行动罢了。同样的阴谋就是有系统的向群众说谎;他们试图在工人中组织他们御用的工会,如最近上海总工会,北平、天津的总工会,海员总工会,广东的机器工会,就是这类欺骗的把戏。他们收买少数工贼做工会的招牌,实行把这些工会当做压迫工人、破坏罢工、献媚中外资本家的工具,当做掩饰国民党反革命罪恶,武装进攻苏联的工具。

国民党反革命的表演到如今可谓登峰造极了;但是终于不能阻抗中国革命潮流的前进,终于不能稳定他们的反动统治。军阀间的激烈混战,已经在河南、广东打得一塌糊涂。各地农民革命的蜂起,全国大城市不断的怠工、罢工和骚乱,国内大饥荒和经济的衰落,已经迫使反动统治走向日暮途穷的境地。到现在,全国工人阶级已经从生活的苦痛中认识国民党的凶恶面孔，已经从历次罢工斗争中揭破他们的阴谋，已经从工贼出卖工人的利益中认识那黄色工会的反革命性了。这正是全国工人斗争的复兴机会，也就是我们向资本家及反动统治争取胜利的绝好时候！

为争取全国工人的迫切利益，为解放目前的巨大痛苦，我们必须发展广大工人阶级的斗争基础，积极加紧进行推翻反革命的统治。因此本会号召全国工人共同提出斗争纲领，树立目前全国工人一致奔赴的伟大目标。这个要求包含下列各项：

（一）关于政治的：

一、工人有创立工会的绝对自由，不受国民党劳动法的种种限制。应废除向党部官厅立案、注册、登记等办法，并不得以政治势力改组工会或解散工会。

二、工人在各工厂范围内，尤其是在黄色工会区域有成立工厂委员会及其他工人自己的革命组织的自由。经过该会组织，经常注意改善工人生活，保护工人经济利益。

三、工人有开会、言论、出版的绝对自由；不应受党部官厅的任何限制。废除开会须呈报党部或官厅派员出席监视的办法。废除禁止或检查工人出版物及禁止邮寄工会刊物的办法。

四、工人有直接向国际革命团体自由联合的权利。废除政府禁止工会从事国际运动的不良法令（如国民政府颁布的劳动法）。

五、工人有自由选举工会职员、处理一切事务之权利。废除党部官厅委派工会秘书、指导员办事等办法。

六、工人有罢工、游行、示威及用自己力量争取工人利益的绝对自由。应根本废除党部官厅限制罢工、强迫仲裁种种压迫工人的政策和法令。

七、工人与资本家冲突，应由劳资双方缔结团体契约直接处理，不应受国民党党部及官厅的居间操纵。

八、工人有拒绝加入党部官厅工会之自由。反对强迫入会、强收会费、捐税以及强迫参加各项违反工人利益的政治运动。

九、应即撤退监视工人工作之武装警探。废除工厂中一切政治性的虐待（如禁止工人看书报、谈时事、接见外人等）。

十、反对白色恐怖及一切法西斯蒂组织活动（如北方黄色工会的暗杀团、上海黄色工会的密查队）。严禁逮捕工人、枪毙工人及殴打虐待等情。并应释放被捕工人及全国一切为工人利益而奋斗之政治犯。

十一、工人有建立保卫本身利益之武装组织的绝对自由（如纠察队等）。

（二）关于经济的：

一、马上实行八小时工作制。笨重工作及化学工作时间不得超过七小时。

二、按照生活标准规定最低工资；最低工资必须足够维持工人的家室生活。

三、每星期应有继续三十六小时休息，发给工资。

四、禁止用低折纸币、小洋发给工资；不准用任何借口克扣工资（如改洋码为钱码找尾数、工人工作所用之工具费须扣工钱等）。废除存工制度（如北方纱厂每月扣五天工资作存工、上海纱厂扣二星期工资作存工）。废除储金制度；其已交付之储金，应即发还。

五、每年应有四星期的休假。工人婚丧疾病应给充分假期。各项革命纪念节均应放假，工资〔照〕给。

六、发清欠薪；实行每年至少加薪一次，并应按期发薪，根本禁止借故欠薪的恶习。

七、工厂午餐应有一小时休息；延长上工的限时。

八、男工与女工同样工作应给同样工资。

九、实行保护女工（如产前产后应各有四星期的休息，发给保产金、育婴补助费，设置女工育儿院，女工得于工作时哺乳，设立工作坐凳等）。

十、废除雇用十四岁以内的童工。童工工作不得过六小时；不得做成年工人工作。规定童工最低工资，废除学徒制（养成工、艺徒等）。

十一、取消包工制（废除论件给资）及包工头制（如拌工制、把头制、涉孖沙等）。

十二、废除女工童工之夜间工作及危险不卫生的工作。

十三、工厂不得开除工人。

十四、反对年关开除工人的恶习。工厂倒闭须按工资情形优给工人退职金；此项退职金不得少于工人三个月之工资总数。

（三）关于待遇的：

一、工厂应有最完备的卫生、防险等设备；应由工会监督工厂此项设施，尽力保持工人康健，减少伤害不幸事件。

二、反对由进攻苏联、军阀混战而延长工作时间、加重工作、改恶待遇、增加工人痛苦、开除工友等。

三、反对因采用生产合理化而加重工人工作；其已加重之工作应立即恢复原状。

四、工人或工人家属发生疾病伤害，应由资本家给以医药费，听其自由医愈为度；病假期间不得扣工资。

五、因工作致死伤之工人,应给以优厚恤金;因工残废之工人,应给以终身恤金,并由其子弟代工。

六、工人补习教育、工人子弟义务教育及娱乐文化等设施,均应由资方拨款交给工会举办。

七、立即举办工人社会保险(失业、养老、疾病等保险);所有费用应由资方与政府分担。

八、工厂应拨款交工会建立工人宿舍,洗澡堂免费供给工人应用。工厂内应设换衣洗濯室给工人应用。

九、反对交纳保证、联保、照相,打骂、搜身、滥罚工钱、调戏女工。

(四)关于失业的:

一、强迫政府与资本家恢复失业工人工作。举办救济失业,安置失业工人。失业工友经常的得到救济,其有家属者并应救济其家属。立即建立失业工人宿舍、工人饭堂等。

二、失业工人应在赤色工会领导之下,立即组织失业工人机关。

三、失业工人的组织,应与在业工人的革命工会互相联系,共策进行。

四、失业工人应帮助在业工人之经济斗争,帮助在业工人争得利益。在业工人应直接给失业工人以物质上、精神上之救助,并帮助失业工人恢复工作及发展组织。

五、为求减少因中东路事件而失业之工人数目起见,应即敦促恢复与苏联之商业关系;停止国民党对苏联的进攻,恢复中东路之原有状况。

上面的纲领均是全国工人目前最痛苦的起码要求。这些痛苦是帝国主义、资产阶级、中国国民党所加到工人身上的。中华全国总工会及其所属各工会号召全国劳动战士，为实现这个纲领而奋斗。我们要从帝国主义、中外资本家、国民党手中夺取我们的经济利益；从一切反革命手中夺取我们的政治自由，从不断斗争的总过程中建立赤色工会的阶级组织，锻炼赤色工会的力量，削弱敌人，壮大自己，一直到根本推翻帝国主义与国民党的反动统治。这就是中国工人阶级对于反动统治的一个总回答。

为强大我们的力量、广布我们的声援，我们的斗争必须与全国革命工会与农民一致联合奋斗。更当时时与苏联工农、国际赤色工会、太平洋劳动会议建立一个国际同盟的关系。我们一切斗争只要在国际的革命工人联合战线之内，才能彻底肃清国际工贼运动，推翻世界资本主义。因此，目前亚洲劳动会议分裂远东工人运动为国际帝国主义作伥的阴谋，中国工人阶级是要严阵对付的。

全国工友为这个纲领斗争，必须是一个英勇的鏖战。我们应在不断与敌人勇敢斗争中拥护我们的纲领，扩大我们的阶级工会，坚决我们的队伍，从资本家和反动统治派手中争取我们的胜利。

（中华全国总工会中国工人运动史研究室编：《中国工会历次代表大会文献》，工人出版社，1984年，第331-337页）

工会组织问题决议案[*]

一、全国工人争斗浪潮的发展中,最明显的表现工人阶级在斗争中最大的弱点就是缺乏强固的组织力量,成为许多争斗中失败原因之一。组织问题成为目前工会运动中最迫切而关重要的基本问题。

二、革命工会组织,自国民党叛变革命后,受了最严重的摧残,完全失去公开活动的机会,陷于极狭小的秘密活动范围。自国民党工会与黄色工会组织挟其反动政治势力,在群众中有了相当发展以来,赤色工会又缺乏独立的发展,因此在组织上黄色工会比赤色工会要大得多;在争斗中赤色工会由组织上表现他的领导作用非常微薄,大部分完全在国民党和黄色工会组织控制之下。这是在目前工会运动中最严重的问题。

三、在全国总工会所属之赤色工会,在组织上:(一)还是一些散布于各工厂各职业工人中的散漫的组织,不能包括全厂全业的工人在其组织之内,并且没有正式建立赤色工会组织生活。(二)各重要的产业工会没有正式建立。已有的铁总、海总还没有吸收广大群众在组织之内,建立巩固的下层组织基础。领导机关与群众极不密切。(三)对于全国重要产业工人区域中,大多数没有赤色工会组织的建立。(四)在黄色工会发展的

---

[*] 本文原载一九三〇年中华全国总工会编的《第五次全国劳动代表大会决议案》。

地方，赤色工会差不多放弃了自己的独立发展，而隐藏于黄色工会组织之下设立各种附属组织，失掉了赤色工会在群众中独立领导地位。（五）许多地方总工会（如上海、香港），也没有吸引大量的群众参加，群众基础非常薄弱。与下级工会没有正式组织关系的建立；委派制度的残余在组织上还有充分的存在。指导机关不能吸收工人中积极分子参加，充分表现少数包办的形式，因此大会对于过去赤色工会在组织上的发展认为不满。

四、大会认为全国工人争斗的浪潮中，要保障这种争斗浪潮有力的向革命方面发展。赤色工会的发展成为最主要的基本动力，只有团结广大群众在赤色工会组织之内，才能加强群众争斗的力量，打破国民党黄色工会对于斗争的控制作用，使这些斗争成为革命运动中最大的力量。

五、赤色工会为了在革命运动中完成他的责任、作用，必须要争取广大工人群众在其组织之内，必须普遍的在产业区域的工人中建立强固的赤色工会组织。为了实现这种任务，赤色工会在黄色工会与非黄色工会群众中，要有独立的发展。这是最基本的前提。

六、赤色工会的发展，首先要在产业工人如铁路、海员、矿山、兵工厂、市政、纺织等，建立下层强固工会组织。这种组织的建立，才能树立赤色工会坚强基础。

七、赤色工会的建立，必须以生产单位做基础、由下而上的建立起来，没有坚固的工会基本组织，就不能树立强有力的赤色工会；因此应该坚决的反对现在的工会机关主义。凡是与群众远离的工会就不是赤色工会。我们必须坚决取消空招牌的工会，纠正非群众的委派制度的残余，将一些有工会组织经验的机关人员，有计划的派送到重要工厂参加生产，建立下层工会组织。

八、赤色工会要建立自己下层强固基础，首先要将现在有散布于各地工厂的零碎的组织，及带革命性的工人，正式建立〔起〕赤色工会支部来。每一支部都要订立章程，定期的会议，经常讨论工厂问题及赤色工会的发展。每个会员要缴会费，参加工会实际生活。

九、对于各产业工人，不论他是有黄色工会组织或是无组织的工人群众中，都要有计划的去发展和建立赤色工会组织；就是几个人的赤色工会小组都应坚决的去建立。固然，这种少数人的赤色工会组织在组织上表现微弱，但在群众斗争中间能发生强大的领导作用，尤其是在政治上要表现他的伟大的领导作用。这是比黄色工会在群众中的地位要大得多。

十、赤色工会要能吸收广大群众参加工会生活，增加会员对于工会的积极性，必须厉行民主化，工会职员尽可能由群众选举出来。在目前秘密环境之下，可用间接选举。建立工会定期代表会议的制度才能发展工会讨论，促进工会干部分子的自动精神，吸引工人中积极的活动分子，参加指导机关，纠正在过去少数人包办的毛病。这是使工会与群众建立密切关系必要的办法。

十一、赤色工会组织的原则是民主集中制。在发展会员的积极性，参加工会的生活，要厉行民主化。同时工会权力要集中，才能有力的指导群众阶级斗争，并且工会要有纪律的建立，才能保障工会在争斗中强固的战斗力。

十二、真正群众的产业工会建立，是目前革命工会运动中的骨干、全国总工会的柱石。产业工会的建立,必须要有下层的产业工会的支部组织,然后联合这些支部正式成立产业工会。目前最重要的产业工会:海员、铁路、矿山、五金、纺织、邮电、市政等,在建立产业支部中有相当发展时,应马上成立起来。在全国各地同一产业的工会有相当发展时,立刻组织全国各种产业总工会。

十三、产业工会组织的原则,一个地方只能建立一个产业工会。无论各地同一产业的工厂有多少,但是每一工厂,只能成立工会支部(或叫分会);支部下按照各生产部门成立小组及干事会,改正过去每工厂设立一个工会的组织原则及组织系统。

十四、赤色工会要在群众中扩大他的影响,加强他的领导作用,应该经常的在群众中公开宣传自己的纲领和主张,尽可能在群众斗争中公开起来领导;即或在极端白色恐怖之下,也应公开的利用各种会议,提出他的主张,号召群众起来开会,由群众选举临时领导机关或罢工委员会。赤色工会的组织和会员,要在这些组织中起领导作用。

十五、目前反动政治,任何赤色工会虽不能得到公开存在的自由,但是如果要吸引多数群众到工会中来,仍然应该注重充分争取公开的机会。因为纯粹秘密组织方法,始终是阻碍群众发展的狭隘范围,不能扩大赤色工会的组织。所谓公开机会是社会上一般公认的组织和名义,如俱乐部、工人学校、图书馆、储蓄会等,目的就在利用这类灰色的团体,从实际行动中去发挥赤色工会的作用,领导群众在斗争中不断争取工会自由。但同时仍须注意工会指导机关的秘密存在,以防敌人的袭击。

十六、赤色工会应更注意他在斗争中的领导作用,借此扩大他的组织。因为和平发展往往是不能代表大多数工人利益，包含广大群众；多数工人只有在斗争激进中才能更迅速的加入工会。所以发展赤色工会的组织与群众斗争胜利，常常是互相影响的。在斗争中注意扩大工会组织，在扩大组织中更能保障斗争的胜利。利用公开机会活动，也只有在斗争进展中，他的作用才越发显著出来。

十七、在斗争中扩大工会组织的主要方法，就是在每个罢工或斗争开始的时候，号召全体工人组织公开的领导斗争的如罢工委员会、索薪团、代表团、护工团等等组织。这些组织的指导机关负责人员，应该从工厂各部门的群众中自己选出。指导机关下面，更要有各项下层组织，如小组、十人团，以为建立工会基础的准备。同时还要注意组织宣传队、交通队、纠察队、工会活动分子会议。总之，务使大多数甚至全厂工人都能参加争斗，参加组织为目的，这样做到建立工会群众基础的工作。

十八、赤色工会执行委员会之下，应该设立各部组织（组织部、宣传部、青工部、女工部），在可能范围内设立雇工部（如地方总工会），建立各部自己的工作，执行工会一切任务，在工会支部中指定干事，负责组织、宣传工作；有青工女工工厂须设青工女工干事。工会及其支部一切职员应当选举最积极的分子充当，坚决排斥一般妥协分子参加到指导机关。

十九、赤色工会为了争取广大群众在其组织和影响之下，不应放弃对于国民党的有群众的黄色工会下层群众，争取广大群众的工作。只有这一工作实现，才能消灭黄色工会的组织。凡是没有群众的空招牌的黄色工会，应该直接在群众中建立赤色工会支部和小组，不应参加进去。

二十、黄色工会是国民党的工会——三民主义的工会；因此，在组织立场上，赤色工会与黄色工会是绝对对立的，因此，必须在群众中坚决的反对黄色工会。

二十一、在黄色工会内的工作，在组织上应该坚决的建立赤色工会的支部和小组；同时在群众中起核心作用，领导群众起来继续不断的作反黄色工会及其领袖的争斗，以达到消灭黄色工会的目的。

二十二、在黄色工会内领导群众斗争，应当以工厂委员会的组织直接领导群众起来斗争，脱离黄色工会的影响，尤其要坚决的纠正一切争斗都要经过黄色工会的形式和其组织去组织斗争的错误。赤色工会组织在群众中取得群众的信仰和拥护时，应当坚决的领导群众驱逐黄色领袖消灭黄色工会组织，建立赤色工会；即或在这一斗争中有少数群众跟着黄色领袖分裂出来，我们都不应放弃这一争斗。

二十三、在黄色工会中主张民主化的口号，不是中心口号与策略；因为现在黄色工会一天天的法西斯蒂化，我们在黄色工会内应引导群众自动起来开会，直接派代表到工厂中交涉，打破群众的合法观念与对于黄色工会国民党的幻想，领导到直接争斗的革命道路。

二十四、工厂委员会在目前形势上说，是消灭黄色工会的正确方法。工厂委员会是工人自己组织、保护自己斗争领导的机关；在手工业中是工场作坊委员会，号召群众作阶级斗争，同时是教育群众的初等小学校，由下而上建立工人阶级整个争斗战线的好方法，特别是可使工人群众不加入黄色工会；在黄色工会的地方，可以使群众与黄色工会隔离起来，是反对改良主义有力的武器。在斗争中以帮助赤色工会建立产业工会基础的可能。有赤色工会的地方，工厂委员会更是巩固赤色工会的群众基础。

二十五、工厂委员会是站在全厂工人共同经济利益上组织起来的，因此各帮派的工人都应该是会员，而且组织简单，不收会费，没有政治派别。这些条件，可以团结广大群众。在革命形势发展时，工厂委员会是实际树立革命政权的一个重要的原动力。

二十六、工厂委员会不能与工会混合一体，即或有赤色工会组织地方，应有他独立存在基础，力争公开的存在，也不能将工会支部来代替他。为发展工厂委员会起见，顶好召集各厂工人代表开会，讨论与发展工厂委员会组织，并在区域内可联合工厂代表，成立固定代表会，在罢工时可另行组织罢工委员会。

二十七、现在各地还有许多产业工人没有组织起来，如上海之纱厂工人群众，不在国民党反动影响之下，也没有与革命工人取得相当之联络。对于这部分工人应设法克服各种困难，建立赤色工会的组织。还有一部分工人长期生活于封建性的组织中（如兄弟团、姊妹团等），在过去工作经验看来，他们有深厚的封建性与行会性。这类组织我们应该参加进去，在思想上和组织上以及在斗争中去消灭他，吸收其他群众到工会组织。再不宜奖励这种组织，甚至助长他的发展，使成赤色工会发展的障碍。

二十八、手工业与店员工作，过去组织上也有显著的忽视；

这部分工人仍有许多没有组织或部分受行会及黄色工会之影响。加重注意发展店员、手工业工人的组织，与行会及黄色工会作坚决的斗争，建立赤色工会手工业、店员工会，也是目前必要的任务。

二十九、农村雇工的组织，再不能延迟，在赤色区域固然很重要，在一般的反动区域尤为重要。关于雇工各项问题，全总及各地工会应立即派有组织能力的人，到农村中去发展组织。

三十、失业工人运动为目前国内产业界最严重的问题。赤色工会应注意领导发展失业工人组织，在工会中成立失业工人委员会，办理失业登记、介绍、捐款、救济、交涉恢复工作、宣传教育等，最重要的就是帮助失业工人的斗争。赤色工会须有计划的进行这项工作。

三十一、赤色区域工会应该有计划的领导去作。这些区域多半是产业落后、文化低落的地方，所以尤其应在组织上纠正工会中的一切散漫现象，提高群众的工会生活，容纳群众的活动分子参加工会工作，成立各城市间的联合组织；尤其是对于农村雇工组织，应该特别注重。

三十二、青工在工会组织中应占极重要的地位。工会应成立青工部，在工会执行委员会之下，经常计划和执行青工文化教育训练工作以及争斗计划。工会下层得有青工小组之组织，按期召集青工大会以为专事训练青工之用。在黄色工会中应号召青工群众成立独立的青工组织，发展反黄色工会与其领袖的斗争。在尚未形成组织的工人群众中，可组织青工独立组织，但必须使这个组织是帮助工会发展。童工的组织最好是采用劳动童子团的组织，加强对于童工的训练，这是工会工作最主要一部。

三十三、女工是目前工会最重要的成分。在工会指导机关中，应特别注意引进女工参加，应成立女工部，经常注意女工的特殊争斗教育与训练，召集各种女工代表会议，促进女工运动之更快发展。这就是巩固及扩大赤色工会的重要工作。

三十四、工人群众的武装自卫与训练，是目前斗争激进中保护工人的必要组织。现在国民党法西斯蒂工会摧残工人之事无日无之，证明这个工作的迫切需要。这个组织虽然是秘密性的，但是也应该利用一切公开的名义（如足球队、国术团等），争取公开或半公开的存在，征求工会积极分子加入。

（中华全国总工会中国工人运动史研究室编：《中国工会历次代表大会文献》，工人出版社，1984年，第337-344页）

工厂委员会决议案[*]

一、工厂委员会系工人阶级运动中的基础组织；我们不应把他和工会混合起来，他们本身既不是工会，也不是用来代替工会的。工厂委员会的存在与否，并不听工会存在与否为转移。在没有组织工会的地方，他们可以存在；即在目前工厂矿山等处已有我们隶属工会支部的存在，还不能将工厂矿山等全体工人都组织在工会时，那末工厂委员会即变成我们工会运动中一部分，并且是工会的辅助机关。

二、工厂委员会的范围，有时较工会为宽大。他们系代表某企业的全体工人，并且也应当建筑在各部分工人的上面。

三、组织工厂委员会，并不是召集几个工人在一起而组织一个工厂委员会就够了的，这样的机关是太机械，并不是工人们的代表机关，而结果也只是使得这组织工厂委员会的人们，脱离群众而孤立。

四、切不可将工厂委员会和工会在工厂中的支部相混合，也不应以工会中所指定的收会费、征求会员等干事会来代替工厂委员会。

五、为组织一个基础稳固的工厂委员会起见，我们必须好好的准备宣传工作，使得工人能够了解工厂委员会的作用、任

---

[*] 本文原载一九三〇年中华全国总工会编的《第五次全国劳动代表大会决议案》。

务和目的。如果有很多的工人们了解组织工厂委员会的需要，我们就要进一步召集会议；工厂委员会的委员应由厂中工人们选举出来。如果在秘密的状况中不能开群众大会，我们一定要把工人们分开一部分一部分的开会，选出代表来参加选举工厂委员会委员的会议，并付代表以选举的全权。

六、工厂委员会的作用是经常的领导工厂的日常斗争，收集关于工厂破坏与工人在斗争中所订的规约和契约以及恶劣的工作条件，或者工厂中矿山中以及船上一切虐待工人的报告。工厂委员会是抵抗资本进攻的一个最好的工具，无论工人们是否组织在工会之内，工厂委员会都能号召他们起来向减少工资、延长工作时间和加紧工作等进攻。他使得工会领导者能够和无组织的工人们维持密切的关系，扩大有组织工人们的影响，结果能使得工会在组织上更达到完善的地步。组织正确的工厂委员会，是团结工人们反抗虐待、欺骗和逮捕等的一个很好的武器。他是反对走狗和改良主义工会中的奸诈的官僚们的一个工具。最重要的，工厂委员会可以保障工人从雇主方面获得较好的待遇，并能使得工人用集体的力量，来对付工厂中每日所发生的大大小小的意外，以及资本家们不顾及工人利益的事件。工厂委员会团结一切的工人们，无论他们之间言语上、政治思想上有何种不同的地方，并且使得斗争的工会能够解决组织工人们的问题。

七、在接受了任何虐待工人的报告以后，工厂委员会应立刻的号召该企业中工人的大会，而提出立刻可以得改善待遇的方法。假使工厂委员会不能达到改善待遇的目的，并且那个企业中还没有工会的存在，那就可以号召工人而准备一个补救方法，如果需要即可号召罢工。但是如果该厂中有革命工会组织，那么这种斗争的工会必须立刻准备必需的行动，在工厂委员会内起核心领导作用以反抗资本家，达到废除种种虐待工人的事实。到罢工时在适当的情形之下，革命工会应公开来领导罢工。但在各种情势之下，如于问题未解决之前，必须把消息报告工人，并咨询他们的意见。

八、在没有斗争工会存在的地方，工厂委员会必须很谨慎的准备在一切劳资纠纷中争得胜利。他们应当提出罢工组织的计划和进行罢工的方法。如罢工委员的选举，救济的组织，宣传和出版各部，组织纠察队，组织收集和分散救济费，散发传单和要求经济上的援助，以及设立公共食堂，等等。

九、当无组织的工人发生罢工而同时也没有工厂委员会组织的时候，那么斗争的工人们的任务，便是立即号召工人群众，而选举一代表各部分工人的罢工委员会。在罢工结束时，罢工委员会可变成工厂委员会，并仍须经过全厂工人大会改选。如在无组织工人中发生斗争，而已有工厂委员会组织的时候，那么仍然经过罢工工人的决议，另行组织扩大为罢工委员会，他的责任便是实现一切获取胜利的计划。

十、工厂委员会是组织斗争的阶级工会的基础。一切可以使工厂委员会组织包括整个企业中工人的产业工会的机会，都不应放弃。在罢工期间，时常有机会组织阶级工会的基础。在资本家和国民党走狗统治之下的官僚走狗工会，或者是在国民党改组派领导之下的黄色工会存在的时候，工厂委员会必须准备把工人们转到我们领导之下的阶级工会中来。阶级的工会，应当由工人们很民主化的选出他们的领袖来组织之。不过我们要注意，在我们成立新的斗争的工会以前，一定要工人们是接受了我们的领导的。

十一、在我们反黄色工会的斗争中，工厂委员会特别的有用处。工厂委员会一定要成为我们反对反动的或法西斯蒂的工会（即最反动的工会）斗争的中心组织。在我们反国民党（执政的国民党或左派国民党）斗争中，我们一定要很谨慎的把政治斗争和工人们每个迫切要求联系起来。我们的责任，并不是去试叫国民党的黄色领袖或强迫他们向资本家提出要求。向资本家提出要求，这一定是要工厂委员会或斗争的工会去做，因为他们是要把全总的要求行动大纲，变为各种产业工人的要求基础。而这种要求行动大纲，也必须得着工人们的承认，再由工厂委员会或斗争的工会，用工人们的名义向资本家提出来。这样，工厂委员会成为我们反黄色工会、反国民党和帝国主义的活动基础。

十二、工厂委员会必须成为工人们一切活动的中心。各种的委员会应当选举起来，以组织和监察各种附属的组织，如游艺会、读书班、演剧班、书报社、储蓄会等。这些组织是目前秘密状况之下，公开的来做工厂委员会的工作。但是工厂委员会不应仅限于这些活动，因为这些活动仅是为团结工人，而发展群众迫切要求的斗争。而这种斗争可以引起反国民党、反黄色工会领袖、反地方和中央政府，以及反帝国主义的政治斗争。

十三、当一个工厂中的各部门已有了几个工厂委员会相类似形式的组织的时候，那末就召集各代表开会，成立整个的工厂委员会组织；就是没有组织的其他部门的工人，也应当邀他们派代表参加。这样，就可以扩大群众的活动和组织整个的工厂委员会。

十四、工厂委员会的运用，不必机械的采取工厂委员会的名称。如工厂代表会、全厂工人互助会等名称都可；必须力求工厂委员会的公开和半公开的存在。

十五、工厂委员会可以团结全体工人群众，就是一部分思想落后的工人和畏惧敌人的白色恐怖、还不敢公开来加入赤色工会，却可以经过工厂委员会领导形式，在斗争中逐渐启发他的阶级觉悟，走上阶级斗争的战线转变为赤色工会会员。因此赤色工会可以经过工厂委员会的组织，来扩大影响与群众基础。

十六、为发展工厂委员会组织起见，全总所属各工会的会员，应积极去准备召集各厂的代表会议；在我们按照半公开或秘密的状况而决定计划以后，我们应选出几个重要产业，而邀请属于各该产业的工厂选派代表出席工厂代表会议。这个会议不仅讨论工厂委员会的问题，并且要联系到工人的迫切要求和政治问题，以及关于决定斗争纲领，等等。在这些会议中，应产生一个固定的工厂代表会的机关，以检视各厂中的活动和竭力的去发展工厂委员会。

我们实现工厂委员会的任务是：

（1）全总执委会应通告全国各工会，坚决在工厂中做广大宣传，有计划去发展和建立工厂委员会，并加紧督促各地对于这一任务的执行。

（2）发动我们的斗争工会，去讨论什么是工厂委员会，他的组织方式和作用。

（3）全总执行委员会应在我们的报纸上发表文字，解释工厂委员会，并且还要发小册子说到工厂委员会的各要点，以及在阶级斗争中的重要，解释运用工厂委员会的方式。

（4）在我们的斗争工会中，已经了解工厂委员会的重要和组织等，那末便应当在各个产业各个工厂中，散发传单，解释工厂委员会，并应发动广大群众的讨论。

（5）在我们工会所召集的各种会议中，应将工厂委员会列入议事日程中。

（6）在我们工会能够领导工厂中的工人群众时，应即成立工厂委员会。在我们工会会员一了解工厂委员会的作用的时候，他们便应开始在各个工厂中组织工厂委员会。

（7）在每一斗争中，革命工会都利用这一机会来号召全体工人，进行工厂委员会的组织，领导全体工人斗争。特别是在黄色工会中，运用工厂委员会的组织，领导群众来反对黄色领袖和脱离黄色领袖的领导。

（中华全国总工会中国工人运动史研究室编：《中国工会历次代表大会文献》，工人出版社，1984年，第344-349页）

对黄色工会问题决议案*

在反动的国民党背叛革命后，大屠杀工人，摧残一切革命的斗争的工会；在中国工会运动中，遂产生了黄色工会组织。国民党不仅在政治上极端来压迫工人，而且还运用工会的组织来束缚工人。当开始将革命的工会摧残殆尽的时候，即借改组工会的名义，来组织官僚、工贼的官办工会（即从前工会改组委员会、上海工统会等），企图压制工人自己的工会发展。这种企图已被全国工人所反抗，失去了效用的时候，国民党更进一步的利用工厂中的工头、职员、工贼和一部分思想落后的分子，来发展黄色工会组织，以欺骗一般工人群众；黄色工会遂成为压迫工人、统治工会运动最有力的工具。

黄色工会在群众中，完全依靠国民党反动政治势力的保护而发展起来的；强迫工人加入，禁止一切工人自己组织的工会存在，要在国民党登记批准形势之下，只有一般国民党的忠实走狗，才能办理工会、组织工会。于是使一般工人群众受到政治的威逼、黄色工会的强迫、改良欺骗的面目，而加入到黄色工会中去；黄色工会因此包括有大多数工人群众在其组织之内。目前若是极端否认黄色工会有群众，这是一个极大的错误。国民党在各地所组织的工会整理委员会，他本身不是黄色工会，

---

* 本文原载一九二九年十二月六日—十日出版的《上海报》第一百四十四—一百四十八期。

不过国民党运用他来传播黄色工会种子，在群众中来建立黄色工会的组织，是国民党御用的机关。各地黄色工会的发展，也不完全相同。在上海的黄色工会是经过了国民党不断的屠杀和压迫，改良主义的欺骗，逐渐由过去工会中反动分子和所谓国民党忠实同志依靠反动统治势力扶持而发展起来的。在北方的黄色工会完全由国民党改组派利用党与政治地位，在把持和强迫形势之下一手建立起来的。最近武汉，即是国民党在这种形式之下来发展黄色工会组织（如强迫征收工会登记费）。黄色工会的发展，因为国民党内部派别不同，互相利用工会来夺取群众，以扩充自己政治上的势力，遂反映到黄色工会内各派领袖的冲突。在各地发展与形成的形势不同，因此有些黄色工会在实际上已变成国民党的官僚工会（如上海市总工会、海员总工会、上海兵工厂造船厂工会、津浦铁路工会等）；有的变成资本家的御用工会（北京电车工会，上海丝厂工会联合会，先施、永安工会），完全成为国民党、资本家公开压迫群众的工具。工会的领袖不尽然是黄色领袖，有的直接变成官僚、资本家的走狗了。

黄色工会的作用，因为过去大革命中中国工人伟大革命作用的表现，当着中国革命失败后，帝国主义和反动国民党企图消灭中国革命运动，除白色恐怖外，遂积极采用改良主义的欺骗方法，来麻醉群众，阻碍革命的工会运动发展。黄色工会就是改良主义在群众中实行欺骗工人有力的工具；因此他的主张完全是反对阶级斗争，实行劳资合作，牺牲工人阶级的利益，来拥护资产阶级的剥削地位。用改良欺骗的方法，实行消灭工人的阶级斗争，引导工人走上合法的和平道路，永远替资本家做忠顺的奴隶。

中国过去的工会运动，完全是在革命斗争中发展起来的，没有改良主义的遗传性。加以改良主义在中国经济基础非常微弱，中国资产阶级还靠加紧剥削工人的血汗来发展生产，积累资本，不能真正实行改良工人的生活；因此，黄色工会的基础在群众中并不宽广，只有在反动政治保护之下来发展其作用。

因此，黄色工会最易于欺骗群众的方法，不仅是挂着工人工会的假招牌，使一般工人分辨不清，受其蒙蔽；而且利用一些小的利益，争取来获得群众对他的信仰。一般黄色领袖操纵工会机关，把持群众的斗争。在每次斗争中，表面上是领导工人来斗争，实际是攫取斗争领导权，用妥协方法（请愿、仲裁等）来代替群众直接斗争行动；用拖延政策（听候党部和政府解决等）来消磨工人群众的斗争情绪；使每次斗争在这种形势之下，不是完全断送，就是将工人群众最主要的要求放弃，争得不关紧要的小的要求。实际上，一般黄色领袖完全是帮助资本家压迫工人，不过在领导斗争来破坏斗争的方式之下，以掩藏他出卖工人的面目和罪恶，使得部分工人群众一时受其欺骗。到了群众斗争已发展时，黄色领袖即行妥协出卖，用种种政治势力的威吓，来压迫工人群众斗争。当着工会中革命分子坚决的领导斗争或反抗的时候，黄色领袖即挟其国民党政治势力，不是假以反革命的罪名，将工会革命分子拘捕或枪毙，就是整个工会改组，换一批忠实走狗来把持工会；在思想上用劳资合作来代替阶级斗争，以民族改良主义的宣传来掩饰阶级对立形式和资产阶级剥削罪恶；实际以麻醉工人群众，模糊群众的阶级观念，要工人阶级无条件的牺牲阶级利益来努力替资本家发展生产。这完全是帮助资本家压迫工人的最厉害的敌人。

黄色工会的发展，除了反动政治势力帮助以外，在客观上还因赤色工会运动近年来在群众中还没有普遍的深入的发展。赤色工会的活动和影响并未积极的扩大，因此在客观上更加给黄色工会在群众中发展的机会。

黄色工会是目前全国工会运动中最大的障碍；他不仅把持了工人斗争的领导权，压制工人的斗争，并且包括有大多数工人群众在组织之内，足以增加赤色工会运动在群众中发展的困难。这是赤色工会运动者所不应稍存忽视的一个问题。

目前赤色工会要能在群众中有广大的发展，获得广大工人群众在其组织和影响之下，最中心的任务应当是坚决的来发展反黄色工会与其领袖的斗争，深入到黄色工会下层群众中，扩大赤色工会运动，夺取其广大群众。

黄色工会的基础是建筑在一般黄色领袖及其少数群众身上；大多数群众并不是接受改良主义的影响、自觉的加入到黄色工会，而是受了政治势力的威迫和改良主义的欺骗，不自觉的甚至受强迫而加入。因此黄色工会内大多数群众依然是革命工人，赤色工会应该积极的来争取这一多数工人群众。因此赤色工会的会员必须参加到黄色工会下层群众中去，来扩大赤色工会的影响，发动群众反黄色领袖的斗争，才能将大多数群众脱离黄色领袖的影响，走到赤色工会领导之下。若是单纯的站在黄色工会以外来反对黄色工会，而拒绝参加到黄色工会群众中去工作，这是实际反对黄色工会的斗争上，成为空喊反黄色工会的口号，实际是放弃了反黄色工会的斗争，反而将大多数群众长久的放在改良主义影响之下。

我们参加黄色工会群众中去工作，是为争夺下层广大群众。因此，工作的中心是努力来发展下层群众中的工作，决不与上层黄色领袖勾结和联络，企图不在斗争形势之下来夺取大多数群众，驱逐黄色领袖，而以和平的方式，利用黄色领袖来转变为赤色工会。这不仅是一个很大的错误，反而助长黄色工会的领袖在群众中的信仰。还有参加在黄色工会内已由群众选举为工会委员，不利用指导机关的形式和委员的地位积极的来发动群众斗争，领导群众反对一切合法的、和平的行动，在群众中公开的宣布其他黄色领袖的罪恶，这必然使他变成黄色领袖，与其他的黄色领袖没有两样。就是和平的发展秘密的赤色工会组织，不公开的积极的领导工人群众作反黄色领袖的斗争，在客观上这都要变成黄色工会的尾巴和工具。赤色工会和革命工人都应当坚决的反对这种行动和倾向。

反对黄色工会及其领袖们，应当靠群众的力量来斗争，只有在群众不断的反黄色领袖的剧烈的斗争当中，一方面揭破黄色领袖出卖工人的假面具，另一方面打破群众对黄色领袖的一切幻想，将黄色领袖与群众分离起来，形成对立形势，才能实现将黄色领袖驱逐出工会或群众之外的目的。

在反黄色工会领袖的斗争中，最主要的是扩大赤色工会的影响，加强政治的领导。只有黄色工会大多数群众受赤色工会政治上、组织上的领导和影响，才可以说将黄色工会大多数群众夺取过来，消灭黄色工会的组织。否则群众没有对黄色工会和国民党有明确认识，国民党和黄色工会领袖可以利用政治势力和欺骗方法，将工会领导地位仍然夺取过去，黄色工会仍在群众中复活起来。

黄色领袖的定义，不是单对几个人来讲的。凡是接近国民党的政治领导、主张阶级合作，在合法的、和平的方法来领导经济斗争，都是黄色领袖。因此黄色领袖中比较的争点工人的利益，或是口头上说几句为工人谋利益的话，在政治上、在行动上仍然在国民党领导之下，我们不能把他认为非黄色领袖；就是赤色工会的会员取得黄色工会委员地位，仍采取这样行动，我们仍然以黄色领袖看待，同样的领导群众来反对。只有坚决的站在群众利益上，领导群众作直接斗争行动，反对国民党一切合法行动的工会领袖们，他才是非黄色领袖而成为革命工会的领袖了。

我们反对黄色工会的目的，不是分裂一部分群众或是极少数的群众，成立一个赤色工会组织就够了，而是在夺取大多数的群众。因为目前黄色工会内大多数群众，在客观上依然是革命的群众，单靠分裂的方法是削弱群众斗争力量，并且黄色工会更利用这种机会来制造派别、宣传、挑拨、离间，使群众形成分裂现象，于反对黄色工会的斗争上是有损失的。所以赤色工会在黄色工会工作中，赤色组织的建立虽属重要，但是赤色组织的活动，一定要在黄色工会下层组织和群众中起核心作用，来领导群众作一切斗争——特别是反黄色领袖的斗争。赤色组织在群众中不应放弃下层群众组织的活动关系，形成与群众分裂或对立的形势。假如在斗争发展的时候，赤色工会在群众中有坚强的领导地位，获得大多数群众的拥护，在驱逐黄色领袖斗争中，即或有一部分群众要跟黄色领袖分裂出去，那末，赤色工会就不应顾及这一群众分裂而放弃这一斗争。

反对黄色工会与其领袖斗争，只有坚决发动群众的经济斗争，反对一切合法、和平的妥协方式，采取直接斗争的行动。要应用工厂委员会的方式，来领导群众完全脱离黄色领袖的领导，直接斗争起来。在反黄色领袖斗争，必须坚决的反对国民党，因为国民党、资本家、黄色领袖是三位一体的东西。假使忽视这一斗争，必定使国民党对于群众反黄色领袖斗争中，可以用政治势力、欺骗方法，取消群众所反对的黄色领袖，换一新的黄色领袖，使群众认识不清，很易于使这一斗争失败下去。

目前反黄色工会的策略和具体方法如下：

一、赤色工会和其会员对于有群众性的黄色工会，应当参加到下层群众中去，来扩大赤色工会的宣传，发动群众反黄色领袖斗争，夺取大多数群众在赤色工会影响之下；驱逐黄色领袖，消灭黄色工会组织。

二、反黄色工会主要的策略，是发动群众的斗争，反对和平的合法的妥协斗争方式，领导群众采取直接斗争的行动，如罢工、怠工等，特别是日常斗争中不断进行反黄色领袖工作。在这些斗争中不断地扩大反对黄色领袖斗争，使黄色领袖与群众对立起来。

三、对于官僚的工会、资本家的御用工会，我们应当坚决号召和领导群众起来打倒这一工会，应当建立赤色工会与他对抗。没有群众的黄色工会，也同样的采取这策略。

四、反黄色工会斗争中，要坚决的采取工厂委员会的方式来团结全体工人，使他脱离黄色领袖的影响，来领导全体工人斗争，建立固定的工厂委员会。

五、反黄色工会领袖的斗争，应在一切斗争中、工会日常生活中，不断的利用黄色领袖出卖工人和各种贪污、压迫工人的事实，来揭破其面目，发动群众起来斗争。在这些实际事实的斗争中，才能使一般群众认识反黄色领袖斗争的意义。

六、在黄色工会发生罢工时，应当由全体工人另行选举罢工委员会，脱离黄色工会领袖的领导。在罢工之后，可以在群众拥护之下，成立工厂委员会或工会领导机关，消灭黄色工会组织。

七、黄色工会领袖对于群众斗争剧烈的时候，常常以拖延政策和政治威吓来压制工人的斗争；这个时候必须发动广大群众用各种群众组织会议与决定，来反抗黄色领袖，宣布黄色领袖出卖工人的罪恶，将黄色领袖驱出工会，由群众自动开会选举革命分子来组织领导斗争的组织。在斗争完结后，这一组织就可以转为赤色工会领导机关，或是另行选举。

八、因为国民党各派的冲突，互相利用工人争夺政权和工会领导机关，甚至挑拨工人引起互相残杀。赤色工会其会员应在群众中宣布他们的阴谋，领导群众提出自己的要求，对国民党任何一派一致反对，将两派黄色领袖驱逐出去，改选工人中革命分子，转为赤色工会组织。

九、在黄色工会内提出"民主化"、"反对黄色官僚包办工会"的口号，固然……口号，有时在反对黄色领袖有力的一个口号，但是不应当以这一个口号作为反黄色领袖中心口号；特别在"民主化"口号之下，来逼迫黄色领袖服从群众执行的一切斗争，这是与反黄色领袖斗争上是有危险的，使得一般群众对于黄色工会和其领袖们，不能取坚决的反对的态度，而增加对于黄色工会的幻想，维持黄色领袖在群众中的地位。赤色工会在黄色工会内，不应主张"民主化"，使黄色工会与群众关系密切，应当引导工人站在反黄色领袖的立场上，自动的开会，领导群众斗争。

十、反黄色领袖斗争，不应企图用和平的方式达到驱逐黄色领袖的目的。只有群众斗争的力量发展，在不断的斗争中建立赤色工会领导地位，才能使驱逐黄色领袖这一口号实现。

十一、夺取黄色工会的群众，应注意在下层群众中去工作。假如赤色工会会员能经过群众选举，取得黄色工会指导机关，这对于转变为赤色工会的政策上，是有很大的便利和利益的。应当利用这一机关和领导地位，积极来领导群众斗争，反对一切合法运动，扩大赤色工会政治宣传，实际在群众中建立赤色工会的生活；但是取得了机关而放弃了这一工作，使这一领袖必然成为黄色领袖。

十二、要黄色工会转变为赤色工会，不仅要在组织上将群众夺取过来，更要注意在政治上来争取群众；否则，国民党利用欺骗方法或调换黄色领袖，仍然使黄色工会组织复活起来。

十三、反黄色工会斗争中，必须坚决的反对国民党，反对国民党来改组和整理工会，以及工会职员应由国民党圈定、压迫反黄色领袖斗争。必须领导群众起来，由群众自动开会，选举革命分子来组织工会指导机关。以"工会职员应由工人选举"、"工会应由工人自己办理"、"反对国民党改组工会"、"力争工会自由"等口号，来发动群众起来斗争。

十四、黄色工会每每利用工会机关和会议，来宣传三民主义，企图在思想上来麻醉群众；我们领导群众起来反抗，号召群众不参加会议。假使在群众被强迫到会时，我们应提出群众的要求要他们解决，在实际问题上来揭破欺骗群众的三民主义给群众看。

十五、对黄色工会的组织策略，不是组织一个少群众的赤色工会与之对抗就够了的，而是要尽量的深入到黄色工会下层组织接近群众，利用各种下层组织会议与斗争问题，来领导群众起来反黄色领袖斗争。只有深入到黄色工会下层群众组织中，才能易于接近群众，扩大赤色工会的活动。

十六、在黄色工会内建立赤色组织是非常之重要。在各工厂工会中，应当建立赤色工会支部，在群众中起核心的领导作用。应当利用可能条件，进行工会各种附设组织（如足球队、俱乐部等），以求得赤色组织的公开活动地位。

十七、在黄色工会内建立赤色工会下层群众组织的赤色工会支部，不是脱离广大群众而单独成立的形式，而是为了增加在群众中的活动与领导的力量加强。但是在斗争中反黄色领袖压迫斗争的时候，特别在反黄色领袖斗争中，应当运用工厂委员会方式，在群众中作独立的领导。

十八、在黄色工会工作中，不应在群众中采取分裂群众的组织策略，但是在斗争中，赤色工会支部及革命工人组织在群众中已有很强固的地位，大多数群众的信仰，应当坚决的实行驱逐黄色领袖斗争。在斗争中，赤色工会应当公开的起来领导，虽有一小部分群众要跟黄色领袖走，我们不应顾及而放弃这一斗争。

十九、在黄色工会中没有获取大多数群众拥护，企图夺取上层工会机关来转变为赤色工会，是不可能的。只有大多数群众在政治上、组织上受赤色工会组织和会员领导，将黄色领袖驱逐，才能实现转变为赤色工会的目的。

二十、在黄色工会中的赤色会员，若是被群众选举为黄色工会的委员时，应当坚决的站在群众方面，主张群众的利益；注意下层群众工作，不断的在群众中宣布黄色领袖的罪恶，促进群众反黄色领袖斗争的发展。不应采取消极的态度或是辞职，这都是妨碍反黄色斗争的发展、帮助黄色工会在群众中的信仰。至于在黄色工会充当委员，不敢在群众中公开的宣布黄色领袖罪恶，发动反黄色领袖斗争，与黄色领袖合作办理工会，这无疑的他本身就变成黄色领袖，我们同样的要坚决反对。

二十一、在反黄色工会领袖斗争时，赤色工会支部或革命群众组织已获取大多数群众的拥护，应当坚决的实行驱逐黄色领袖消灭黄色工会组织。虽然所建立的赤色工会被国民党解散或压迫下的，赤色工会仍要秘密的存在，继续进行领导群众力争赤色工会公开的运动。

（中华全国总工会中国工人运动史研究室编：《中国工会历次代表大会文献》，工人出版社，1984年，第349-357页）

反对国民政府工会法决议案[*]

国民党代表资产阶级的利益，不断的造谣惑众，欺骗工人，破坏工人的罢工，出卖工人的利益。他们的狰狞面目久已被全国工人所认识清楚了。但是他们欺骗工人的诡计仍是层出不穷，他们对工人所布置的陷阱，仍在不断的陷害工人。国民政府所颁布的劳动法，就是一面欺骗工人，一面残害工人的有力证据。

劳动法的用意是限制工人组织，剥夺工人一切政治自由，强迫工人服从国民党野蛮统治的一个工具；同时也就是欺骗工人、强奸工人意志的东西。在劳动法里面，所谓国家产业如铁路、邮电、兵工厂各种工人，是丝毫没有组织工会、举行罢工、为保护工人利益而奋斗的自由的。一切工会的组织，必须完全受军阀、官僚、资本家严重监视。八小时工作制是劳动法所不承认的。童工、女工在劳动法束缚之下，只有受更大的痛苦。此外如禁止赤色工会的发展，分裂工人的组织，禁止中国工人与全世界革命工人的联合。他的整个条文，完全是为资本家给中国劳动者所预备的一副枷锁。

大会对于国民党这种反革命的镇压工人，与帮助中外资本家剥削工人的法令，根本反对。大会号召全国工人阶级共同起

---

[*] 本文原载一九三〇年中华全国总工会编的《第五次全国劳动代表大会决议案》。

来反对这一个反革命的劳动法,誓打破这种为中国工人预备的枷锁。我们认为中国工人只有用革命的斗争方法,才能揭破国民党的欺骗,才能打破国民党的阴谋!

(中华全国总工会中国工人运动史研究室编:《中国工会历次代表大会文献》,工人出版社,1984年,第358页)

工农联合决议案*

一、目前中国反抗帝国主义、反抗资产阶级、肃清封建残余的革命，是要得到全国数万万广大的劳苦群众与全世界无产阶级的拥护，才能彻底胜利的。因此城市的工人与乡村的农民结成巩固的同盟，是保障革命胜利的唯一条件。只有工人与农民手牵手的相依为命的前进，才能摧毁阻碍中国革命的一切敌人。

二、现在帝国主义、资产阶级和封建势力已统一在一条战线上，张着大口狼吞虎咽的咀嚼着广大工农群众的血肉。城市的工人在资本家与帝国主义所建立的牢狱一般的工厂中，度着悲痛无涯的生活，每日做十几小时的牛马苦工，得不到一点儿休息，而工资则少到不能养活父母妻儿；至于待遇更简直和牲畜一般。乡村的农民处在地主、军阀两片石磨之间，不但血肉、差不多连骨也给碾碎了。

三、帝国主义侵略中国的结果，首先使乡村中的农民及手工业者失去了土地和工作。有一小部分跑到城市中，为资本家挑选了去替他们作榨取剩余劳动的牛马；又有一部分投到军队中去，当军阀们抢地盘时的炮灰，或上山落草当土匪流寇；其余大部分都没有地方容身，坐在家里望着天等待死亡。所以城

---

* 本文原载一九三〇年中华全国总工会编的《第五次全国劳动代表大会决议案》。

市的工人与乡村的农民,在先原是同气连枝的亲兄弟,现在虽分离开,然而一个在城市一个在乡村所过的,都仍旧是同一般苦痛的命运。

四、统治阶级的一切所得、一切需要,都靠剥削我们工农而来。我们的血肉都成统治者及所有社会寄生虫的养料,而我们自己却得到悲惨结局。如拉夫、征粮、奸淫、烧杀无非是工农们的妻女;数不清的苛捐杂税,混乱的金融,无数的债票库券,吓人的高利盘剥,又无非转嫁到我们工农身上。我们简直逼到上天无路。然而地主、资本家却依然一样的快乐繁华。为打倒这些敌人,城市工人与乡村农民的要求,都是一致迫切的。

五、再就我们敌人方面来说,他们也并没有划分城市与乡村。在半殖民地的中国里,城市的资本家有许多就是乡村的地主。地主与资产阶级也和兄弟式姻娅的关系一样,他们彼此之间是一致的。所以中国农民不能希冀〔望〕得到资产阶级丝毫的援助,而从地主手里解放出来。这完全是一种无耻的欺骗。只有城市的无产阶级才是农民反地主的友军。

六、过去的事实也证明,上面所说的是十成十足的真理。过去反军阀、反帝国主义的斗争中,工农都是手牵手的前进的。我们深切的认识,劳苦的工农除依赖自己的力量以外,是不能依靠任何他人的。劳苦的工农若不自己来解放自己的痛苦,谁都不能为我们设法的。我们为解放自己,必须将各个地方打成一片,必须全国在一个同盟之下、在一个组织中结合起来。

七、过去的经验也教训了我们,以前很多次的农民暴动(如太平天国)是失败了的。为什么呢?因为是无自觉的农民暴动,所以失败了;因为没有预先准备,所以失败了;因为没有农村无产阶级与城市无产阶级的同盟，所以失败了。这是农民原始暴动所以失败的重要原因。

八、前年广州工人伟大的暴动所以失败的主要原因之一，就是得不到市郊四周农民的援助。这一个创伤永远存留在我们的心中。我们深刻的记着：中国革命的胜利，必须城市与农村两种斗争汇合起来；然而这必须城市的工人与乡村的农民先有一种坚强联盟。

九、然则是否城市的无产阶级与乡村中全体农民结成一个联盟呢？不是的。

在农村中有一种受雇于地主、富农的人，这种人叫做雇农，是农村中的工人，是属于无产阶级的。剥削他是富农和地主。富农与地主残酷的待遇这些农村工人，以最低廉的工钱，为他们做很长久时间的工作。我们要努力使在富农、地主底下的雇工，得到更高的工资，按时的休息和良好的待遇。雇工也只有和城市无产阶级一起，才能从一切困苦与贫穷中逃脱出来。除了城市无产阶级之外，没有人会来帮助雇农的，除了依恃自己之外，也没有人可以依恃。

在农村中有许多没有或者很少土地的、不能不替富人做工以维持生活的农民，这样的农民叫做半无产阶级；他们也是城市工人的兄弟。他们为对一切的富农、地主做斗争计，除了与城市工人结合起来以外，也是没有其他出路的。

我们看，在铁路经过的地方，谁在路面上工作呢？谁在水上摇船呢？谁在蜿蜒的道上推着小车、挑着扁担呢？这都是乡村的无产阶级干的事。这种人在中国是很多很多的。这些人名义上是农民，实际上是被雇佣者，是工人。他们全部必须与城市工人结成一个联盟。

在农村中耕有不多的土地,可是他们依然不能用这些土地上的收获来支持,即在丰年他们的生活也不会好的,这种农民叫做贫农。贫农一年的收入不能温饱自己的身体,挨饥挨饿。他们的经营完全濒于破产,简直没有能力去整顿照料所耕的土地。贫农必须与城市无产阶级结成联盟,而对剥削他们的富农与地主作坚决的斗争。

中农是位于富农与贫农之间的;农民丰年的时候,可以从农业经营所得平稳的过去,但是贫穷却不时追随着他们的后头。他们的经济是动摇不定的。在帝国主义、地主、豪绅、资产阶级掌握着政权与土地,若临在我们头上的时候,贫农当然不能脱出贫困的命运,中农也断然不能不受这种命运宰制的。中农虽然始终要想变成一个土地私有者,但是想是不能成事实的。他必须要打击富农与地主。为要打击富农与地主,又必须与城市工人及乡村的雇农、贫农,结成同盟才有可能。

富农是农村中的资产阶级,同时是高利贷、商业资本及半地主的剥削者。他包含一些动摇以至反革命的成分,在反地主、反军阀、反帝国主义的斗争中,富农是不会起积极作用的,而且他更有接近地主与地主联合的可能。所以城市无产阶级与乡村农民的联合,是必须把富农除外的。贫农中如果不从富农分离出来,而与雇农与城市工人结合联盟,则富农将欺骗他们,而把他们引到地主的队伍中去。

十、我们要使中国革命胜利,首先必须做到使农村的中农、贫农、农村无产阶级及半无产阶级与城市无产阶级的联盟强固起来。为这一联盟的实现,马上就需要进行争自由(言论、出版、集会、结社等自由）的斗争；马上便需要帮助农民进行争地位平等，废除封建剥削的斗争。自然，我们最后的目的并不限于这些，我们最后的目的在求得社会主义的胜利。但是，社会主义的胜利不是马上就可实现的；要使他实现，必须坚决的不断的与帝国主义、地主、豪绅、资产阶级作殊死的斗争，把这些敌人打倒。要实现这个最后的目的，必须全中国的一切城市与乡村的无产阶级与贫农，结合在一个铁一般坚固的同盟之中。

我们现在正向着这方向前进。同时我们的敌人也对我们施行空前的白色恐怖，极野蛮残酷的迫害我们。然而我们决不屈服于敌人之前，我们继续着斗争！我们决不怕敌人的刀锋子弹，我们决不怕敌人的手镣足铐。我们为中国从帝国主义之下解放出来而斗争！为工友们农友们的自由幸福、反抗地主、豪绅、军阀、资产阶级而斗争！为推翻国民党反动的统治，建立我们的工农共和国而斗争！为解放几千万几万万民众的贫困与痛苦而斗争！无论帝国主义怎样顽强，白色恐怖怎样严厉，只要我们这个工农的联合能够坚强伟大，那末，胜利终归是属于我们的。

（中华全国总工会中国工人运动史研究室编：《中国工会历次代表大会文献》，工人出版社，1984年，第359-362页）

农村工人工作大纲决议案[*]

一、在半殖民地的中国，一切社会经济组织都束缚于帝国主义铁蹄之下，不能前进。因此，工业无产阶级虽因帝国主义直接在中国开设工厂有了相当的发展，但是他的数量仍不十分发达。在中国整个无产阶级力量上看，除了主要的工业无产阶级外，还有上千万的手工业工人，二千多万的农村工人，都是构成中国整个无产阶级的力量，成为中国革命中强有力的领导者。

二、农村工人最主要是广大雇工群众；其次是农村中手工业工人和店员。中国农村经济自经帝国主义侵入以后，日益崩溃。虽然农村生产形式仍停滞在资本主义社会前一阶段，并没有产生新式生产的农村工人，可是有些地方已经发生集中的或半集中的农业公司或垦牧场大公司等（如江苏、满洲），包含有多数雇工群众。虽他的生产方式仍然采用旧的工具，但是在他们阶级关系上已达到工厂和工场的工人地位。还有在地主、富农直接所雇用的工人更占多数，不过人数不大集中而已。

三、农村广大的雇工群众，他是被地主、富农及新式农业公司直接剥削剩余价值的一个雇佣劳动者；他与工业无产阶级同样的出卖劳动力维持生活，所不同的只生产方式而已。因此

---

[*] 本文原载一九三〇年中华全国总工会编的《第五次全国劳动代表大会决议案》。

在他的经济地位与生活条件上，决定了他是农村无产阶级；在整个无产阶级的意义上说，他是无产阶级之一部。

四、雇工因为经济的地位与生活的背景，表现他的阶级意义与一般农民不同，而接近于无产阶级。

（1）对于阶级意识比较明显，阶级觉悟比较敏锐。

（2）私有观念比较薄弱，对于无产阶级革命——社会主义革命，并不畏惧而且热烈拥护。

（3）封建思想比较少。

（4）在革命运动中特别坚决。

因此，雇工工人在革命运动中形成一个占主要的地位，在民权革命阶段中，他是最积极的革命分子，而能完全接受城市无产阶级领导，来领导一般农民，彻底肃清封建势力，完成土地革命。在革命深入转变到社会主义革命的时候，他不仅是坚决反对农村富农最有力一种革命势力，并且是领导贫农进行社会主义革命中坚力量，同时是建设社会主义之一员。因此我们不应将他混合在一般农民群众中，应由农民群众中划分出，列入到无产阶级的队伍中来。

五、无产阶级在目前革命阶段欲巩固他对于农民领导地位，只有经过农村无产阶级——雇工，才能建立强固的工农革命同盟，才能引导农民群众（除富农外）由民权革命进到社会主义的阶段。无产阶级必须吸引广大的农村雇工到了自己阶级战垒内，构成强大的无产阶级革命力量，建立在农村中强固领导地位。因此无产阶级要以最大的力量来帮助农村雇工群众建立组织，发展斗争，使他在农村中形成独立的斗争力量。

六、在城市的赤色工会和地方总工会，对于雇工工作要与城市工人与手工业工人及店员，同样的认为自己主要工作之一，同样的到农村中来建立和发展农村工会组织。应当使农村工会加入到市总工会组织内，由全总至各县总工会，在执行委员会之下，设立雇工部来管理一切农村工会工作。

七、农村工会组织基本群众是雇工群众，其次手工业工人以及少数店员。至于临时帮工而仍耕有土地者和带剥削地位的手工业者，不能将他们组织在内；应以农业公司和雇佣有多数雇工的大地主、富农为中心工作。

八、农村工会组织以农村支部为基本组织，联合一乡或一区（视区域大小来规定）农村支部，和附近市镇各业支部成立农村工会。较大的农场公司，应单独成立工会，然后按耕耘的区域或居住的关系来组织支部。至于手工业工人在乡村中除了该项手工业为特殊工业（如福建烟工、各地油坊工人、酿酒工人、浙江之纸工）可另成立工会外，其他手工业工人可按其职业关系，在工会之下成立职业支部。

九、农村工会中对于青工、妇女应设青工和妇女部，专门负宣传教育工作。对于青年和儿童雇工，仍然要加入到工会，编入各农村支部组织；同时可以组织劳动童子团和少年先锋队。

十、雇工群众在地主、富农残酷剥削之下，不仅勤劳终年，所得无几，特别是儿童的雇工，每年工资甚至不到一元；除了耕种田地以外，还要替地主、富农无代价做各种劳役，生活的痛苦达到了极点。因此在发展农村工人运动，主要的是坚决来领导雇工群众作经济的、政治的斗争，只有在斗争中才能发展工会组织，建立农村工人在革命中对于农民群众的领导地位。

十一、雇工的经济要求，主要的：

（1）增加工资；（2）减少工作时间；（3）改良待遇；（4）规定工作范围，反对其他的额外工作和劳役（如抬轿、推车、防盗等）；（5）规定休息时间和一切例假；（6）反对雇主任意解雇；（7）儿童、妇女与成年同样工作时，应给同样工资。

十二、雇工的斗争应当要注意在斗争中组织活动，尽可能的使每一斗争采取联合形势（如同盟罢工、怠工等），不要太偏于个别斗争而易于发生失败；同时在斗争时应注意工作的时令，才能保障斗争胜利。

十三、雇工政治斗争是土地革命——没收土地、建立苏维埃政权。因此他的斗争不能脱离一般农民的斗争，对于农村中一般斗争（如反抗苛捐杂税、抗租、抗债、反豪绅地主等斗争），应该积极参加，领导农民来实行土地革命。农村工会不仅在宣传上要使一般雇工对于土地革命认识，指出土地革命与雇工解放的前途，引导他们积极参加，并且在雇工每一斗争中，都要注意到与农民一般斗争的联系，在这种斗争中才能建立雇工领导地位。

十四、贫农是半无产阶级，是农村雇工永远最坚固的同盟者——自民权革命至社会主义革命阶段中坚固的同盟者。富农是农村资产阶级的前身，并且中国富农多半是兼中小地主和半封建性剥削者，是雇工阶级斗争的对象；同时富农有妥协和反动性，尤其农村斗争稍一发展，或雇工斗争发动以后，必然更快的变成乡村反动势力之一。因此，雇工在农村同盟要自贫农至中农，富农除外。对于雇工斗争时，应当坚决的拥护雇工利益，不应对富农有丝毫让步。在苏维埃区域中更要加深这一斗争；即或在一般斗争中（如抗捐税等），有富农参加在内应由雇农领导贫农、中农积极的夺取领导权。

十五、农村工会与农民协会或农民委员会，要建立很密切的关系。应互派代表参加会议，讨论一切斗争问题。在农村暴动和一般斗争，可共同组织行动委员会来指挥。在雇工斗争时，农协或农民委员会要召集全体农民起来援助。雇工群众除了加入工会以外，仍可用个人名义加入农协为会员，在农协中取得领导地位。在苏维埃区域中，雇工应完全退出农协，而只团结在独立的农村工会中。

（中华全国总工会中国工人运动史研究室编：《中国工会历次代表大会文献》，工人出版社，1984年，第363-366页）

宣传教育问题决议案[*]

一、目前工会宣传工作在政治上的主要任务,便是启发工人群众的阶级觉悟,提高工人阶级的政治认识,唤起广大的工人阶级在赤色工会领导之下,一致为反对世界大战,拥护苏联,推翻帝国主义、国民党反动统治,建立工农政权,完成中国革命,谋中国工人彻底解放而斗争。

二、在工会日常宣传工作中,应有系统的计划宣传鼓动与教育工作,领导工人群众与国民党、改组派、黄色工会改良主义等作思想上的决斗。这是赤色工会群众化的第一步工作。因为如果没有深入于群众的宣传,便没有广大的群众加入到工会中去,同时黄色工会、国民党工会便可以利用一切欺骗的妖言妄语,侵入于工人阶级队伍里面去,促成黄色工会在思想上的发展。

三、根据上述宣传的中心任务,宣传方略便是用真实的工人痛苦生活,去揭破反动统治阶级压迫工人、资本进攻的罪恶;用赤色工会的行动纲领,去回答国民党及黄色工会的改良主义;用鼓动日常斗争的方法,去代替敌人宣传的种种合作、合法请愿、劳资妥协的理论。

四、自然,上述不过是赤色工会宣传工作的主要内容,这

---

[*] 本文原载一九三〇年中华全国总工会编的《第五次全国劳动代表大会决议案》。

个内容应当与工会日常工作相连合。即在日常斗争中必须注意提出当时当地的具体要求和口号，在宣传这些具体要求和口号的时候，应该指示群众斗争的目标与前途，使与总纲领相连合。

五、宣传煽动在工会工作中应占一个最重要的地位。每个工会须成立强有力的宣传部，有计划的按时决定宣传纲领，督促所属工会并指导审查各工会的宣传工作。宣传部须设法招引工会多数会员参加工作，并推广教育训练班的组织，以养成专门干部。

六、为使宣传工作增加效力起见，宣传工作须有充分的准备和材料，切忌拿许多不切实际的空洞言论去做宣传的张本，因此关于工人生活、物价增高以及资本进攻种种实际情形，工会宣传部须经常注意搜集、统计，供给各宣传工作人员之用。各工会宣传部须有很好的调查工作及整理材料的组织。

七、因为宣传工作多半带一点技术性，工会须养成多数宣传工作人员供给应用。在过去工会多有成立宣传教育班的，应于可能范围之内将这个办法恢复起来。宣传班的人员须选择工会积极活动分子轮流教育。

八、在每个重大政治事件及工人斗争发生，过去往往只见反动派工会的宣传而缺少革命工会的宣传，这是足以混淆工人的视听。工会宣传部对于这类宣传，应该采取极迅速的处置，针对敌人的反宣传——加以驳斥；应该在敌人宣传达到群众之前，将赤色工会的宣传刊物发到群众中去。

九、工会宣传部应尽量规划每个工会出版刊物，周刊、月刊、不定期刊均可。这些刊物应该文字浅显，带地方性，多容纳工厂通讯员，内容切合于工人的心理和要求，而且印刷力求明晰，发行应力求有固定阅者；在许多不识字的工人群众中更应出版画报。这些工作，宣传部应经常指导，并定出经常活动的费用。

十、每个产业工厂或铁路、轮船、矿山，均应设法出版本工厂的小报。本工厂小报应该是工人自己办理，更具体的描写本地工人的生活痛苦，提出工友切身问题讨论，同时还应注意宣传国际工人运动的消息和理论。不论份数多少，时期长短，他的效力是很大的。

十一、关于一般工人重大斗争，工会应经常注意编成有系统的小册子，详载事件的经过及工人所得的教训。又如关于提高工人文化的理论以及文艺书籍，工会宣传部亦应积极进行，建立工人思想的深远基础。

十二、宣传工作并须特别注意利用群众的斗争，采取共同一致的行动。如在黄色工会的会场上，有计划的鼓动群众的反抗黄色工会领袖；在罢工游行示威的时候，召集群众的宣传会议；在反动势力高压之下，计划飞行集会等，都是重要的工作。

十三、在黄色工会中的宣传，第一是与改良主义的思想作根本上的斗争。其次要利用黄色工会欺骗工人、出卖工人的种种事实，作有系统的宣传。在黄色工会中应组织反黄色工会的宣传班，经常到群众中活动。

十四、关于经常宣传教育群众的工作，开始建立各种形式的工人读书、体育、娱乐的组织，如工人读书班、识字运动、工人补习学校、工人子女学校、书报室、俱乐部、体育会、球队、游艺会、新剧社、音乐社，等等。利用这些组织，灌输群众以种种基本知识。训练群众中一般积极的分子，成为工会中的干部人才。提高一般群众的政治认识，养成他们团体生活的习惯，使他们了解工人阶级的出路和工会的性质及其斗争目标、斗争方法等。

（中华全国总工会中国工人运动史研究室编：《中国工会历次代表大会文献》，工人出版社，1984年，第366-369页）

海员工作决议案[*]

一、两年来，帝国主义与中国资本家在中国航业的竞争十分激烈。帝国主义各恢复了在大革命前的航业，而且超过原有的地位。因为航业竞争的激烈与军阀混战的延长，所以对于海员的剥削和压迫也越加重了。现在海员的生活不但是丧失以前的经济条件和工会介绍权，而且在资本进攻与合理化之下增加工作，减少工资，不断降低了自己的生活，造成大批的失业恐慌。一切对于海员的政治压迫和苛例（如帝国主义禁止海员登岸，黄色工会强收会费，运兵运械的危险工作，撞沉船只的事时常发生，以及最近严厉压迫参加香港罢工的海员等），更是层出不穷，激起海员工友的经常反抗和争斗。

二、全国海员在过去两年内，表面上是没有很大的斗争，但是每个轮船的争斗却是此仆彼兴，没有停止过。自从北方政记公司海员几次采取直接争斗的形式、招商局海员要求发欠薪的运动、福建海员的反国民党斗争，以至俄国皇后船的大罢工，海员运动已有了很大的发展。直到现在，帝国主义虐待海员愈酷，军阀混战中海员生活愈恶化，大洋船的海员已经发动了普遍各轮的反"涉仔沙"运动，沿海岸及内河船海员的斗争正在酝酿待发之中。这些现象证明海员的争斗已到了新的严重

---

[*] 本文原载一九三〇年中华全国总工会编的《第五次全国劳动代表大会决议案》。

形势!

为领导这个快要到来的伟大争斗,并且当帝国主义积极准备世界大战武装进攻苏联紧张的时候,为执行大会反对帝国主义世界大战争、拥护苏联的政治任务,都有使海员工作更加注重的必要。因此,目前海员工会的发展,成为全国工会的最中心工作,含有实际的争斗的重大意义。

三、过去海员工作犯了很多的错误,但是主要的错误即是海员总工会没有认清海员的阶级力量,没有了解海员工会的群众性(如最近海总成立的夺取反动派之海总委员会,即其最著之例),没有努力去发展海员的赤色工会组织,没有注意船上委员会及支部的建立和发挥其作用,有个时候竟发生取消工会工作的事件;另方面缺乏注意全国的工作。因此,现在有工会会员的仅限于极少的船只,北洋、长江一带的轮船没有多大的发展,即已有工会会员的,亦没有形成强固的船上支部组织,不能尽领导争斗、代表海员利益的职责。努力纠正这些错误,是目前海员工会的第一步工作,因此决定下列各项实施办法。

四、全国海员工作,现在要有整个的全部计划。海总的整顿与健全是目前急不容缓之事;但是因客观环境的限制,海总现在还不能实际担负指导全国工作的责任,因此,长江、北洋、东北的海员工会,须由全总海铁委员会直接指导去发展工作。海总应积极注意发展大洋轮船及南洋海岸、广东内河轮船的工会工作。在发展赤色工会会员的时候,应特别重视舱底生火与舱面水手工人的领导作用,应把生火与水手当做构成工会的主要分子(俄国皇后船罢工的教训完全证明这一点)。

五、目前反"涉孖沙"的口号,已成为一个伟大的运动:

极重要的皇后、总统轮船,都已有了许多自发的工会组织和争斗。长江、北洋船的加薪争斗,正在公所领导之下发动;争取这个争斗的领导,揭破工头与公所领导间争斗的危险,是马上就要去做的事。继续扩大这些争斗,提出全国海员的共同要求纲领,联合这些斗争,使各船争斗互相声援,形成总的斗争。海总与海铁委员会必须经常注意拟定扩大斗争的具体计划,因为就现势观察,如果不能确定推动总的斗争,海员争斗的战线是不能进展与巩固的。

六、现在海员中有各种不同性质的官僚政府工会,如国民党军阀政府包办的海员总会、香港政府御用机关的船员总会。这些工会名义上是海员的,实际完全变为压迫海员的官僚机关和工头组织,没有什么群众的基础,因此,我们对于他们的工作方法,主要的是有系统的在海员工友中揭破这些反动工会压迫工友、剥削工友的罪恶,宣传拒绝加入反动工会,拒绝交纳会费。同时应该独立的发展赤色工会的组织,在日常斗争中争取争斗的领导权。在揭破反动工会的欺骗政策时候,最主要的是以阶级利益的宣传去代替国民党狭隘的民族宣传;以阶级争斗去攻破反动工会的劳资妥协论调。

七、同样重要的就是公所工作与宿舍工作。公所本是长江方面一班剥削海员的头目所组织的机关;在反动政治高压及黄色工会丧失信仰的时候,公所乘机在海员中活动,是有相当的作用的,并且现在已成为一个可注意的问题。对于公所的运动,我们决不要对他存任何幻想,决不要帮助他的发展,要向海员工友指出他是与工人阶级利害相反的封建机关,必然是背叛工人利益压迫工人的工具,在有相当群众的公所中,应运用对黄色工会的策略开始工作。次之关于香港宿舍的工作，首先应纠正过去站在宿舍外面工作或自己建立宿舍的狭隘办法，目前最主要的是有计划向已有的百余宿舍工友群众中去活动，从一般的宣传开始，引导他们参加争斗，参加赤色工会组织，参加失业工人的组织。要在每个宿舍中建立基本组织，帮助赤色工会工作的发展。

八、实行向没有组织的船上海员以及反动工会、公所宿舍争取海员群众的工作。必须以建立船上委员会为这个工作的中心任务。现在皇后船、总统船的海员，自动的均有船上委员会性质的组织；我们必须把这些船上的组织领导权，设法由工头的手里转移到海员工人身上去，才能实际保护工人的利益。在还没有赤色工会组织的轮船上，必须有计划的宣传船上委员会的组织，促成他的实现，经过这个组织，积极建立强固的赤色海员工会。

九、为争取争斗的领导，为消灭黄色工会在海员中的影响，海员工会组织必须完全建立在船上支部的基础上。应把现在以开船为中心的工作，变成为积极建立船上支部的工作。因为过去两年的经验，已完全证明开船工作不成为根本办法，徒然有少数散漫的工会会员和同情的分子是万分不够的。所以今后船上组织必须是完全采用大会组织问题决议的整个精神，必须有计划的派人跟船作支部教育训练工作，必须注意训练船上的干部分子，同时应注意建立组织的关系去代替个人的关系；只要有三个工会会员，便应该把他们组织起来，这样才能渐渐建立有下层基础的群众工会，才能使工会会员参加工会生活，充分发挥工会的革命作用。

十、海员运动与国际海员运动的联络是非常重要。首先设法进行对于国际海员的宣传；在各船的中国海员，应利用工作的关系，去进行外国海员的联络，应注意与太平洋各国海员工人反国际运输宣传委员会发生关系，渐进到组织上联络。

十一、在海员工会宣传工作方面，除根据目前的政治任务，须努力于反国民党的统治，反对世界大战，武装拥护苏联外，并应特别注重国际的宣传和阶级的教育；因为现在海员中狭隘的国家思想仍然很盛，国民党常常利用这个弱点去做简单反对外国人的煽动，模糊了工人的阶级观念，以遂其欺骗工人的阴谋。必须多数海员了解国际阶级的联络，然后才能促成强大的国际组织。至于地方思想、行会思想、职业差别的界限，在业工人与失业工人的冲突，等等，都是船主与涉孖沙有计划的在不断的制造；改良主义劳资合作的宣传，也经过国民党改组派渐渐散播到海员中去。针对这些反动宣传，揭破他的反革命性，灌输海员群众以工人阶级的正确思想，是海员宣传中不能再缓的事。此外关于罢工和斗争的教训，每个特殊问题的发生均应尽力纠正过去的放弃态度，有迅速正确的反映。为实现这个任务，海总与海铁委员会须有健全的定期出版物，并须有完善的宣传工作计划；这个计划必须根据各航线的海员生活的实际情形。

十二、为促进海员工会的实际发展，定于五个月内召集全国海员代表会议，讨论海员工会工作。在这五个月内，应充分准备这个会议的工作，必须保证代表会议有代表多数群众的代表参加;在这次会议上选举新的海总执行委员会。

(中华全国总工会中国工人运动史研究室编:《中国工会历次代表大会文献》,工人出版社,1984年,第369-373页)

铁路工作决议案[*]

目前铁路工作中几种主要的现象。

（一）一年以来，各路工人的工资虽然有几条铁路是相当的增加了一点，但是因为物价的增高，工作的加重，待遇的恶劣，有许多过去于工人有利益的条件（如北宁工程处的两天赏工、平汉路的礼拜双工等）均已取消。路规的加严，工人过去所靠的额外收入，现在几乎完全取消了。又加上黄色工会的压迫与剥削，所以事实上一般铁路工人的生活不但未有改善，反而日趋恶化。

（二）大部分的铁路工人一方面因为生活的恶化，另一方面已感觉到了国民党和黄色领袖的欺骗与压迫，因此才发生了不断的经济要求与反黄色领袖的斗争。这些斗争又多半是狭义的对人的争斗，仍然在国民党与黄色工会范围之内而被国民党与黄色领袖所压迫和欺骗，以至失败。

（三）赤色工会的领导力量还是非常之微弱。各路还没有一处有一个健全的赤色工会的支部，只是一些赤色分子，并没有形成组织，干部分子异常缺乏。

（四）黄色工会在铁路工人中虽然很明显的是一种剥削的趋势，但是一般工人对于黄色工会的欺骗，还没有深刻的了解与

---

[*] 本文原载一九三〇年中华全国总工会编的《第五次全国劳动代表大会决议案》。

认识；同时在铁路上黄色工会与其他黄色工会特殊的地方，就是这些黄色领袖多半是过去大革命时期中之工会领袖而叛变者，并且多半是领导过斗争的，大部分的工人对他们尚保持有相当的信仰。有的地方赤色工会的会员在群众中的地位，比他们还差的多了；同时又因为铁路与军阀、官僚有直接的关系，铁路工人的领袖们更最容易官僚化，成为军阀、官僚的工具（如京汉等）。

（五）许多铁路的重要站厂，几乎完全为国民党与黄色工会把持着。有些重要地方，虽然有了赤色工会关系（如石家庄、张家口、天津老站等处），仍然不能发生积极的领导作用；就是较好的地方（如津浦、唐山等处），也还不能够冲破国民党与黄色工会的束缚，形成赤色工会的组织。

（六）在拥护苏联与反军阀战争的运动中，铁路工人的力量表现非常之弱，特别是对于拥护苏联，有许多地方的工人群众在国民党爱国主义的欺骗宣传之下，受了相当影响，尤其是在北方的更为严重的现象。同时国民党黄色工会又利用他们政治上的势力，到处去散布谣言。赤色工会的宣传受种种的限制，还不能普遍的深入到群众中去。根据目前铁路工作的形势及第五次劳动大会的精神，对于铁路工作有以下的决议：

一、对于反军阀战争与拥护苏联这两个重要的政治任务，铁路工人的责任特别重大，国民党各派也特别认清了这一点，都派他们的走狗到铁路工人群众中去，想法欺骗、迷惑，拉着一部分工人作为他们争地盘与进攻苏联的工具。因此，铁总以及其所属的群众组织，对于拥护苏联这一工作都应加以充分的注意，去扩大在群众中的宣传，说明拥护苏联不仅为了苏联是无产阶级的祖国而拥护之，并且是为了中国民族革命成功而拥护苏联，因为苏联是真正以平等对我们的国家，帮助中国革命的好友；同时要经常的介绍苏联的实际情形，特别是关于工人的生活状况，叫他们了解他们目前的一切痛苦，只有像苏联一样之后，才能根本解除。要利用选派代表赴苏联参观的机会，在铁路工人作广大的宣传。至于反军阀战争，更是一个于铁路工人有直接利害关系的问题，就是一个最落后的工人都感觉得到。铁总一方面要经常的、明显的指出这种混战继续不断爆发的原因，要站在各路工人的迫切要求上，坚决的去领导这种斗争。因为现在的铁路，都是各派军阀的私产；这种经济斗争，便是给各派军阀在军事上的直接打击。从这种斗争中，可以揭破国民党各派以及一切投降了军阀的黄色领袖们的假面具，打破他们的合法观念，提高他们的斗争情绪与政治的认识。

二、半年以来，几乎没有一条路没有斗争；这些斗争多半是偏于经济方面的。铁总应根据各路所提的条件，规定一个全国铁路工人斗争纲领，作为领导全国铁路工人一致奋斗的目标，及与黄色工会争取群众的武器。

（1）工人有集会、言论、出版、罢工的绝对自由。（2）反对军阀战争及其加重工作、延长时间、拖欠工资、运兵运械、军事管理等。（3）立即实行八小时工作制。（4）加工资，每年至少一律加薪一次；并废除包工制。（5）每年每人有一个月的例假，工资照发。星期歇工，工资照给；做工者双薪。（6）按级提升，并提升必须加薪，以五元为起码。（7）铁路公司应为工人建筑公共宿舍，一切的费用免收。无宿舍时，每人每月由路局津贴房金五元。（8）工人在病时间，医药费由公司发给，工资照发,至病愈为止,不得限制日期。(9)工人因工残废时,路局不得停止供给工资,并与其他工人一样按期加薪。(10)工人因工毙命时,由路局发给一千元之抚恤金;有子弟时得顶死者原工码上工。(11)工人年老不能工作时,由路局发给一千元之养老金,或者照常发给工资至老死为止。(12)路局上下工友,须得真正工人工会之同意。(13)取消扣留储金制度;现在工人之储金,应立即按利完全发给工人。(14)差饭按八小时计算,每天至少一元。(15)每月发给煤票至少半吨。(16)每人每年一律发给制服二次,并须员工衣料一律。(17)每人每年发给四次免票,并废除一切限制办法:地点、车次、取保。(18)一律恢复失业工人工作。同时铁总注意使各路的争斗有系统的、互相联络的进行;应注意组织每路各站的斗争,使成为全路的斗争;进一步更联络各路斗争,使成为几路的总斗争。这不仅是在策略上互相声援的必要,而且有严重的政治意义。

三、黄色工会的影响在铁路工人中虽已呈削弱的趋势,但是工人的恐惧心理与合法观念的浓厚、黄色领袖的信仰,还未完全打消,这都足以延长黄色工会的影响在铁路工人中的命运。所以反黄色工会是目前铁路工作最重要的任务之一。在铁路工人的反黄色工会的工作中,应特别注意以下的几点:

1. 加紧领导工人的经济的、政治的斗争。只有在斗争中才能使群众认识黄色工会与黄色领袖们的欺骗作用。

2. 加紧对铁路工人的教育;最主要是建立赤色工会的独立的、政治的纲领的宣传。因为目前铁路上一般黄色领袖中,大多数是过去曾做过工会领袖,老奸巨猾,最会以小恩小惠来取得工人群众信仰,以缓和和消灭工人的斗争。假使我们不积极提出政治上的主张、赤色工会纲领，在群众中公开宣传，坚决的指出黄色工会的反动性，将使群众觉得赤色工会与黄色工会没有什么多大的区别。同时我们如果离开了群众的实际生活，空洞的政治口号，也就不能争取群众。

3. 对于黄色领袖，应当不断地在争斗中揭破黄色领袖的欺骗群众面具，宣布出卖工人的罪恶，特别是对于事实上已经作了国民党、军阀走狗的黄色领袖（如刘文、黄金荣等）；更应坚决的号召群众去打倒他们，把他们勾结军阀、提高个人的地位、出卖工人的利益种种的事实经常的向工人群众宣布，使群众认清他们罪恶；只有在赤色工会纲领之下坚决的反对国民党，反对一切合法运动，领导群众斗争的才不是黄色领袖。

4. 目前最主要的任务，首先建立赤色工会支部组织。将在各路、各站的已有关系的赤色工会分子组织起来，正式成立支部，与铁总建立正式组织上的关系。各路、各站的赤色工会支部发展，必须联合各站支部正式建立各路赤色工会。所以目前铁总应当用极大的力量去建立并发展各站赤色工会的组织，是最重要任务之一；只有赤色支部与工会的发展，才能强固铁总在各路工人中的领导地位。

在目前各站赤色工会的组织发展，在客观上不能有广大的发展。各站赤色工会支部必须努力在工厂中来发展和建立工厂委员会组织，是目前最主要的任务；特别是在黄色工会普遍于各站，只有工厂委员会的建立，才能使广大群众脱离黄色工会，而在赤色工会直接领导下群众起来争斗。工厂委员会的组织，不是临时争斗的方式，而是一种保护工人利益固定的组织。赤色工会支部在工厂委员会中，要起核心领导作用，吸引进步的分子加入赤色工会，扩大赤色工会的组织。

5. 按着目前客观上的形势，以及主观上的力量，应当去特别注意几个中心区域工作的建立。目前较有群众关系的中心地方，如浦镇、唐山、石家庄、哈尔滨、南京、吴淞、信阳，应以最大的力量去强固组织，发挥在群众中领导作用。其他最重要的地方，如长辛店、南口、大连、徐家棚、郑州、江岸、广州等，要开始去建立该地方的工作，因为这些地方有了办法，便可以影响到全线。

6. 假使没有一部分在政治上、在策略上有了相当的了解的干部，坚决执行这些策略，则所有的办法便成了空谈，特别在那些有重要的黄色领袖的地方，如平汉的长辛店、郑州，津浦的北段，赤色工会干部分子的培养更为重要。主要的当然是在斗争中去培养，但是训练班的方法，也是目前加强培养干部方法之一。铁总应开始进行这一重要工作。

7. 过去因为力量及交通的关系，铁总的工作只限于顺直；但是铁路的各路多半是一致互有密切关系的，特别是在几条干路上，如果不能在组织工作上统一起来，在斗争行动上便有很大的困难。因此，目前为发展工作与建立下层群众组织基础，铁总本身的力量还不能顾及全国各路，只能注意北方各路。在南方各路，全总应以最大力量来帮助建立工作以及加强指导；同时在南方各路各站工作，应在工作上与铁总发生密切关系。工作报告应转给铁总，使工作有相当的发展，即应统一于铁总指导之下，成为全国铁路集中的组织与领导。

8. 当然铁路目前最重要的任务，还是建立各路的中心区域的基础。对于过去那种流动式的工作方式，应即改正，所有派到各路的工作人员和巡视员，应在相当的时期内住居各重要站厂的地方，注意各路下层群众工作。铁总本身应加强起来，要经常的去指导各地的工作。

9. 铁总除了帮助各地出版工厂小报外，现在出版的《铁路工人》应注意下列几点：（1）按期出版。（2）很快的把自己的交通来弄好，普遍的散发到群众中去。（3）使中心地方必须找出真正工人的通讯员，经常的供给稿件。

10. 铁总应准备于三个月之内，召集第五次全国铁路代表大会，改组铁总。

（中华全国总工会中国工人运动史研究室编：《中国工会历次代表大会文献》，工人出版社，1984年，第373-378页）

拥护苏联决议案[*]

一、中国在过去大革命中,无产阶级与农民群众之英勇奋斗和苏联直接的、积极有力的帮助,使中国革命长足的进展,给帝国主义以严重的打击。在帝国主义阴谋诱胁和国内阶级斗争日趋尖锐之下,代表地主、买办和资产阶级的国民党,投降帝国主义,背叛革命,一贯的走上屠杀工农、反对苏联的反动道路。

二、苏联是世界上第一个工人国家;社会主义的建设日益巩固。他领导全世界的无产阶级和被压迫民族的解放斗争,成为世界革命的大本营。在目前各资本主义国内的阶级斗争日加剧烈,工人运动的"左"倾,以及被压迫民族的革命运动的奋进,使帝国主义更感觉得苏联的存在,为他们致命的敌人。因此,他们更加坚决、更加猛烈的向世界一切革命的势力——特别是向苏联进攻。中国国民党是帝国主义进攻苏联的最好的工具。哈尔滨事件和武装夺取中东路,是国际帝国主义进攻苏联的有力信号。

三、苏联是帝国主义的死敌。帝国主义攻击苏联,扑灭无产阶级国家之企图,从未放松。最近帝国主义更是积极的、有系统的用各种方法来进攻苏联。他们之间不断的召集会议、协

---

[*] 本文原载一九三〇年中华全国总工会编的《第五次全国劳动代表大会决议案》。

定公约、设立军事同盟，并利用其走狗改良派社会民主党，努力作反动的宣传，以欺骗群众。这一方面是和缓他们自己之间的冲突，一方面乃是联合一致的更加准备进攻苏联。在这种形势之下，反苏联的战争是不会避免的。全世界的工人阶级当此危机之前，应该齐心一致、秣马厉兵的起来拥护苏联，反对帝国主义向苏联进攻和压迫中国的革命。

四、苏联不但是世界无产阶级的领导者，同时他又是努力实行解放被压迫民族的先锋。十月革命不但完全解放了苏联国内的弱小民族，尤其是领导了全世界弱小民族的解放运动。他努力帮助中国反帝国主义国民革命，首先自动的放弃了在中国的一切特权利益，废止了一切不平等的条约，退还了租界和赔款；根据平等的中俄协定，将中东路两国共管，改良中东路的工人生活（现因国民党之武力接收，而完全取消了）。这一切都是给中国人民以深切的助力和友谊；同时是与帝国主义在中国残酷的剥削和压迫的暴行，是根本相反的。反动的国民党做中国人民的敌人——帝国主义的走狗，出卖民族利益，向中国人民的好友——苏联进攻，全中国的劳苦群众特别是工人阶级，一致起来，猛烈的反抗国民党向苏联进攻，为工人阶级的利益，为中国民族的利益，都应当毫无疑义的拥护苏联。反对帝国主义和国民党进攻苏联；拥护苏联同时也就是保卫中国革命。

五、苏联对于国际所取的和平政策，这完全是立足于全世界无产阶级和劳苦群众之上。虽然敌人向他积极挑战，他犹不惜忍耐，尽力避免战争，以阻止帝国主义与国民党利用中国劳苦群众，去做进攻苏联的牺牲品。全世界的无产阶级特别中国工人和劳苦群众，都要为保卫本身的利益，为拥护苏联，为保护中国革命而反对世界大战，尤其是进攻苏联的战争！我们要拥护苏联国际和平政策，但同时要反对掩饰帝国主义侵略的国民党及社会民主党等反动派欺骗群众的、虚伪的和平主义！

六、在帝国主义利用其走狗国民党和旧白党积极向苏联挑战之时，苏联的和平政策不能制止帝国主义及其走狗进攻的暴行。战争是迟早终于不可避免的要爆发的。中国工人阶级当前的严重的责任，是要更加坚强的团结，强壮自己的阶级的战斗力，积极的来反对帝国主义。全国的工人阶级武装起来，实行武装拥护苏联，变帝国主义、国民党反苏联的战争为拥护苏联而战。以国内阶级战争来回答帝国主义、国民党进攻苏联的战争，推翻帝国主义国民党的统治。这是最彻底的制止反苏联战争的方法，而达到完成中国革命和世界革命。

七、依据上述，大会决定中国工人阶级拥护苏联、反对帝国主义进攻苏联目前具体的任务如下：

（一）全国各级工会应即切实宣传鼓动，号召广大的工人群众起来拥护苏联。

（二）组织广大的工人群众在反对帝国主义和国民党、拥护苏联的政治影响之下，举行集会及示威运动。

（三）加紧发动群众一切斗争，扩大反国、反帝的政治斗争。

（四）在斗争中组织工厂委员会、赤色工会及工联会，为群众的政治及斗争的领导者。

（五）反对国民党、改组派及社会民主党、黄色工会领袖等欺骗民众的、虚伪的、和平主义的宣传。

（六）注意在有群众的黄色工会中，扩大反帝、反国，拥护苏联的宣传。

（七）工会应加重对农民及兵士的政治影响；领导他们加入拥护苏联的战线。

（八）发行各种适合群众的、拥护苏联的刊物、小册子、书报、壁报等。

（九）组织运输工人的特别委员会；阻止运输进攻苏联的军火和军队。

（十）组织兵工厂及军用品制造厂特别委员会，阻止进攻苏联的一切军用制造。

（十一）在进攻苏联的战区，应实行罢工及军事破坏工作，使进攻苏联的反动军队失败。

（十二）建立工人武装组织，准备武装保护苏联，变帝国主义、国民党反苏联战争为拥护苏联和中国革命战争！

（中华全国总工会中国工人运动史研究室编：《中国工会历次代表大会文献》，工人出版社，1984年，第378-381页）

派遣参观苏联代表团决议案[*]

在开辟人类历史新纪元的苏联社会主义建设已届十二年的时候；在国际帝国主义时刻企图推翻苏联、近更指使其走狗中国国民党武力进攻苏联、实行爆发世界大战的严重的时候；在中国资产阶级投降帝国主义，一致压迫中国革命，而英勇的中国工人阶级两年来，在反动统治的极端白色恐怖之下，领导革命不断的奋斗牺牲，使全国革命运动又复兴起的历史重要时期；中国第五次全国劳动大会在反对帝国主义进攻苏联、瓜分中国，武装保护苏联、反对世界大战的中心任务之下，决定派遣参观苏联代表团到苏联去。代表团的任务是要代表全中国的工人阶级去与伟大的苏联无产阶级很亲密的携手，更加紧的联合起来，去打倒国际帝国主义和反动的中国统治阶级；去考察苏联社会主义一切建设的情形，尤其是接收和学习先进的苏联无产阶级伟大的十月革命之经验，以供给目前中国无产阶级的迫切需要；同时更将中国革命的过去和现在，以及工人生活和奋斗的情形，传达到苏联和国际的工人阶级中去。代表团的组织如下：

一、由上海代表二人、天津代表一人、武汉代表一人、香港代表一人、青岛代表一人、铁路代表一人、海员代表一人、矿工代表一人、兵工厂代表一人组织之。

---

[*] 本文原载一九三〇年中华全国总工会编的《第五次全国劳动代表大会决议案》。

二、代表须由该地或该业之工人群众,或代表大会选举在业之工人充当之。

三、代表须身体健康,无传染病(特别是花柳病及眼病),及有用文字技能者。

四、代表团参观期间,以六个月至十个月为限。代表团须于月内出发。

五、代表团得聘请翻译、秘书及专门家为助手。

(中华全国总工会中国工人运动史研究室编:《中国工会历次代表大会文献》,工人出版社,1984年,第381-382页)

第五次全国劳动大会选出的中华全国总工会执行委员、候补委员名单*

执行委员（二十七人）

王　浦　　黄　明　　康　进　　王小妹　　王　佐　　李耀全
陈炳光　　陆阿三　　史文彬　　路见光　　杨　文　　杨宝元
韩三益　　谭复生　　马统骏　　李　培　　赵　三　　王少华
王醒五　　邓中夏　　刘　汉　　余茂恒　　金　城　　张　俊
梁明光　　林　福　　丘　九

候补委员（十八人）

尤芳田　　赵大福　　张金妹　　张慕林　　甘　民　　刘　俊
周文光　　毛大公　　刘　逸　　向楚才　　傅锦堂　　丁九城
王　明　　林　章　　张老大　　朱毓麟　　周阿金　　李　金

（中华全国总工会中国工人运动史研究室编：
《中国工会历次代表大会文献》，工人出版社，
1984年，第383页）

---

* 本文原载一九三〇年全国总工会致赤色职工国际执行委员会信。

第五次全国劳动大会宣言[*]

中国革命势力与反革命的搏战经过了很长的时间,到现在中国国民党的反动统治愈野蛮黑暗,革命反抗的斗争也就愈激昂奋进。几年来站在最前线的便是中国的工人阶级。

帝国主义的强盗政治宰割着中国的命运。中国资本家、地主、买办、官僚及其代表的国民党军阀政府,便是帮助帝国主义统治中国、奴辱民众、屠杀工农的忠实工具。现在帝国主义和国民党军阀一方面是联合武装进攻苏联,实行反世界工农祖国苏联的战争和瓜分中国;一方面是各军阀之间,进行循环不息的国内混战。中国民众在反动统治的大横暴政治下面,过着比北洋军阀时代还更痛苦的生活,首受其祸的便是国内的工人阶级。中国工人阶级的生活水平线,被不断的资本进攻,久已沦陷于水深火热之境。自从国民党军阀不休的混战以来,资产阶级和军阀、官僚更将一切战争的负担推卸到工人肩上,于是大批开除工人,增加工作,积欠工资,减少工资,吞没储金,强迫捐输,强迫运兵运械等种种暴行,一齐加到工人身上来了。中国工人的痛苦愈深,他们的反抗和斗争愈大;工人阶级的革命工会也跟着斗争扩大起来。因此中国的革命工人两年以来便得在不断的与敌人反抗中,重建立起群众的基础。

---

[*] 本文原载一九三〇年七月中华全国总工会编的《第五次全国劳动代表大会决议案》。

第五次全国劳动大会是根据全国革命运动的要求和工会组织发展的基础而举行的。他具有伟大的历史意义。他是重新团结中国革命工人的新营垒，保护全国工人阶级利益的总机关。大会在接受过去宝贵的斗争经验，估计目前的革命形势，决定全国工人的斗争纲领和策略，解决工会上一切迫切的问题之后，将引导全国工人更正确的、更勇敢的迅速走向解放中国工人、完成中国革命的大道上去！

大会一致承认，因目前中国工人阶级在帝国主义与中外资本家的走狗国民党统治之下，一切政治上集会、结社、言论、罢工的自由已完全被掠夺。全国工人继续处于国民党白色恐怖政治之下，失去了生命的一切保障。资本家向工人进攻均是借反动统治的掩护而愈演愈烈。国民党采用原始的野蛮方法镇压工人运动。他们一方面服从国际改良主义的指导，从事有系统的建立许多欺骗工人、麻醉工人的黄色工会，颁布束缚工人的劳动法；另方面更在帝国主义唆使之下，实行武装进攻工农祖国的苏联，挑动满洲战争，意在减轻中国革命的国际声援，使中国革命势力陷于孤立不振。

大会彻底的揭破统治阶级整个的反革命企图，并决定给他们一个总的回答。这个总回答的主要内容，即号召全国工人阶级起来与敌人作坚决的斗争。全国工人阶级斗争的路线，是要彻底反抗统治阶级的野蛮统治，争取工人的集会、结社、出版、言论、罢工的政治自由；要反抗因资本进攻、进攻苏联、军阀混战与生产合理化所给予工人的种种经济生活困难；实现八小时工作制，增加工资，改善待遇；要反对阶级妥协、劳资协调及改良主义和黄色工会领袖种种欺骗工人、出卖工人，而申讨他们的罪恶，号召该会工友回复到赤色工会来。要积极扩大全国产业的广大群众的赤色工会，建立普遍的工厂委员会，建立工人武装和坚固的工会下层组织，以为团结中国工人阶级力量的总营垒。在斗争中，我们深切认识国际帝国主义、中国国民党是阻碍中国工人运动、破坏中国革命的主要敌人。国民党下面各种各样的黄色工会，已完全变为分裂工会组织、破坏罢工、出卖工人利益的官僚衙门。站在国民党、黄色工会后面的国际改良主义、社会民主党的工贼们，更是阴谋破坏中国工人阶级的教唆凶犯。这一切反动势力，统是中国工人与中国革命的仇敌，全国工人阶级只有团结一致向他们总攻击。

全国工人阶级的广泛战线，目前不仅是要求国内工人的普遍联合，还亟谋与全国农民、兵士的革命一致进行结合全国革命势力与反革命势力作一死战。不仅要建立中国工农兵士的巩固联盟，而且还要更进一步与工农祖国的苏联，与太平洋沿岸各国工人及西欧各国工人阶级取得一致的联络。只有拥护苏联与全世界无产阶级共同作战，我们的斗争才能得最后的胜利！全国工友们！起来！起来！

为推翻帝国主义、国民党的反动统治而争斗！

为拥护工农祖国的苏联、反对帝国主义瓜分中国而争斗！

为反抗军阀混战、资本进攻而争斗！

为实现全国工人斗争纲领而争斗！

为打倒黄色工会及其领袖们，建立革命工会而争斗！

（1929年11月11日）

（中华全国总工会中国工人运动史研究室编：《中国工会历次代表大会文献》，工人出版社，1984年，第384—386页）

文电文稿

准备第五次全国劳动会议[*]

全国各级工会：

全国革命的工会运动，自国民党叛变革命以来，无日不在艰难困苦的恶劣环境之中，不断的与一切反动势力作急剧的争斗。虽然国民党勾结帝国主义和一切反动势力，企图用尽一切方法——白色恐怖和改良主义的方法，来消灭全国革命的工会运动，但是全国革命的工会运动并没有消灭，而且各地工人的反抗斗争反而更加发展。自本会今年二月扩大会议以后，全国工人的罢工和反抗国民党的斗争，更走上剧烈的阶段，开始了全国工会运动新的局势。

全国工人斗争最显著的有今年五、六月间天津、唐山等处产业工人群众的大罢工，七、八月间青岛数万工人的罢工，去年以来上海、无锡等地的工人斗争没有停止；尤其是今年"五卅"以后，广大工人群众的罢工斗争，更是普遍的爆发起来。勇敢的工人群众在中外武力严重压迫之下，屡次举行示威运动，其他如香港、厦门、芜湖等处，都继续的发生罢工斗争，尤以最近江西景德镇二十万人的大罢工，皇后船员的英勇斗争，以及北方正太、京奉等铁路工人的斗争，更表现全国革命的工人运动之新的开展。在全国工人斗争的发展中，反动势力对于工

---

[*] 本文原载一九三〇年七月出版的《全总的政治生活》。

人的进攻，特别是对于革命的工会运动，施以无情的压迫也愈加厉害起来。白色恐怖与黄色工会的活动，真是双管齐下来对付全国工人阶级的革命运动。革命工会运动在客观上既是如此艰难，加之主观上工会的群众组织的弱点和斗争的战术策略之缺乏，尤其是各个斗争不能联系汇合起来形成总的进攻形式，而使敌人得以运用各种破坏的手段，将各地工人的罢工斗争各个击破，以致罢工每每失败；而失败以后，敌人进攻又更加严厉。在此情形之下的革命工会，应当如何来整顿自己的队伍，巩固阶级的战线，规划新的斗争策略来达到阶级胜利的道路，这是目前非常迫要的一个问题。

自反动的国民党仰承帝国主义的意志，实行向苏联进攻以来，一方面是帮助帝国主义实行武力攻打世界工人的祖国——苏联和瓜分中国，同时更加严厉的来镇压工人的斗争。最近颁布禁止国家及公共企业罢工的禁令，压迫工人的工会法，宣布整顿劳资关系，加紧黄色工会的组织，不断的屠杀、拘捕全国工人首领，四面八方地向工人进攻来了。这正是帝国主义和反动的国民党进攻苏联一贯的反革命的企图，即是全世界反革命势力的联合向革命势力进攻的问题，并不是单纯进攻苏联的问题，而是和瓜分中国、压迫中国革命有极不可分离的关系。这不仅是要使我们的斗争更加急剧，而是要特别加重我们工人在革命中的任务。因此，在目前严重局势之下，为着完成在革命中的任务和本身痛苦的减除，都需要集中全国革命工人的力量，检阅自己的队伍，计划一切斗争的战略，与敌人作坚决的死战。本会自国民党反动后，不断的领导全国工友为了力争阶级的利益、反抗一切敌人的压迫作坚决的斗争。许多中坚领袖和勇敢战士均遭牺牲。在目前，阶级斗争发展到了拼一个你死我活的时候，更要使全国斗争的总指挥部——全国总工会强固起来。这是非常重要的一件事。

本会常委会根据以上情形，认为目前有召集全国劳动会议的必要，遂正式决定本年十月革命节，召集各厂、各业的革命工人组织的代表，开全国劳动会议，来讨论全国工会运动中的一切问题。

这个会议的主要任务：

一、号召全国工友反对帝国主义与国民党进攻苏联，保护中国革命；讨论对于武装保护苏联和保护中国革命之全国工人阶级之实际准备与行动。

二、规定全国工人阶级革命斗争的总策略和全国工人的总要求。

三、讨论革命工会运动中一切战略和具体工作方针（如革命工会的发展、保障罢工斗争的胜利、反黄色工会及改良主义等等）。

四、改选全总执行委员会，健全全国领导斗争的总指挥部。

全国劳动会议预定的议事日程如下：

1. 总的行动大纲；2. 拥护苏联决议案；3. 黄色工会决议案；4. 工厂委员会决议案；5. 农村工人决议案；6. 组织问题决议案；7. 宣传工作决议案；8. 青工女工工作决议案；9. 工人武装决议案；10. 工农联合问题决议案；11. 海员、铁路、矿工、五金工人决议案；12. 选举。

各地工会出席会议代表，现因环境关系由本会按照全国各地工会实际情形，规定出席代表名额和代表产生法如下：

一、贵地应选代表□人。

二、出席代表须经该地有组织的工人团体正式开群众大会或代表会议选举之,并发出席证书,不得由工会机关指定。

三、出席代表除总工会代表外,其余均是在业工友的工会积极分子。

各级工会应立即在群众中宣传,召集代表和群众会议,讨论在会议中一切问题,拟成提案交出席代表提交大会。各工会报告须前半月寄交本会。

这一次全国会议关于全国工会运动和中国革命运动的发展前途上有很大关系。各级工会应即遵照上列各项执行一切,并开始在群众中作广大的宣传,号召全国工友起来拥护这一会议,使这次会议完成它的一切任务。特此通告。

中华全国总工会
9月10日
(中华全国总工会中国工人运动史研究室编:《中国工会历次代表大会文献》,工人出版社,1984年,第281-284页)

工联党团会议记录
——讨论召开劳动大会及各部工作（节录）

校团会议

到：锡、朴、碧、时、原、丙。

议程：一、劳动大会问题；二、各部工作；三、其他。

锡：关于劳动大会问题，省委决定由党、工会双方发通告下去，今天就是要讨论这一个通告问题。

讨论：

一、劳动大会问题

锡：今天讨论通告问题，主要的在如何布置工作，把这次会议的影响深入群众中去；再则要下层工会召集会议，讨论布置工作。另一方面，工联应召集代表大会，各区也应召集代表大会，讨论对于这次的决议案、几个中心斗争，以及我们出席各工会会议时，务须时刻注意与所有的决议联系起来。今天应当讨论工联代表大会与分区代表大会的时间，在开代表会当中，可以把代表选出来参加劳动大会。党方面，也应当在区书联席会议上讨论这一个问题。推动支部去推动群众，使工会与党一起尽所有力量去扩大劳动大会的影响，与推动广大群众的斗争。

时：这次的劳动大会的意义非常重大，上海工人对于担负劳动大会所决定的任务特别是重大。我们对劳动大会的工作：

第一，在这一个半月当中，应努力扩大劳动大会的宣传工作。我们不光是要在各种会议上、在各个斗争群众当中报告这次劳动大会的意义，而且要有决议，把大会充实起来。第二，无论全总、工联，都应当不断的发小传单、小标语，以及在各种刊物上扩大大会宣传。目前上海工人应当有一个实际行动纲领。我意见最好能够经过群众讨论通过，提到大会去。至于各业的要求，今天应当具体的讨论一下，使这一个总的行动纲领与各产业个别的要求，能够在十二月间作一正式的通过。我们不单是要准备代表大会，而且要准备提案，这些提案今天也应讨论一下。参加大会的代表一定要由工联的公开路线去产生各工会中的活动分子为代表。代表的成分，最好同志只能占三分之一，最多不能超过一半。现在工联应当很有计划的根据全总指示的原则去产生选举代表，并且在这一个时期要加紧建立赤色工会的组织。最后工联应当准备一个详细的报告给大会。

碧：我意见：1. 现在关于宣传方面需要先发一个通告，这一个通告应以中央和全总的通告为蓝底，并且具体说明大会的意义。2. 我同意时同志的意见，不断的发小传单，并且应当指出宣传要点。宣传方法可多写小标语。3. 从召集各工会代表大会起，得到有相当的决议案之后，立即就召集各区代表大会。4. 宣传要点应当注意到上海工人的总要求，以及各个斗争的特别要求，此其一；反对进攻苏联，拥护苏联，反对黄色工会，建立赤色工会，此其二。5. 关于代表的产生和选择问题。目前应即组织委员会，起草总要求等等。其委员成分应以下级的人为多。工联目前一切的宣传工作都可由这一个委员会来讨论。在十月六号以前应把总要求印发出来。在十三号以前，应加紧发动各工会群众会议，通过这一总要求，并且产生各该区的代表三人，参加区代表大会。由这一个区代表大会的代表集拢起来，十七号就开一个市代表大会正式产生参加大会的代表。

朴：关于扩大宣传方面，应办工厂小报。参加大会的代表，青工应增加一个香烟厂的青工代表，并且青工方面对于这次大会，应举行代表大会，通过青工要求，提到大会去。

丙：在本月廿四号的代表会议上，应开始报告这一个问题。

原：全总的工作群众很少知道，从今天起应在各个斗争群众中、各厂会议中报告全总所做的工作，使群众更了解这次大会的意义。

锡：我们总的归纳起来有如下几点：1.这次大会我们的工作应当把大会的意义与过去全总的工作扩大宣传。宣传的方法，应把周刊以及各厂小报加紧宣传工作，同时全总与工联更要多多印发小传单散发。标语，全总有一个总要求发下来，我们可根据这一个总要求做上海总要求。再则，我意见工联应该发一宣言。2.这一个斗争应与这次的大会意义联系起来。3.代表应当多参加，非同志。4.选举代表的方法，先由各工会开大会选出三个代表参加区代表大会，再参加市代表大会，以后正式产生参加大会的代表。市代表大会应开两次，十月六号先开一次去发动各区、各工会的会议和工作；十月廿七号为最后的市代表大会，正式产生上海代表及通过各种提案。十月廿号开青工代表大会，把青工要求通过后提到大会去。5.起草委员会决定五人（电气，市政的英电；纱厂的振泰；重工业的兵工厂；店员的估衣；工联）。本月廿六号开，由锡召集之。6.通告由秘书长起草，二天内印发下去。7.斗争的纲领和总要求，由锡起草。

（一九一九、九、廿一）

（上海市档案馆编：《上海工会联合会》，档案出版社，1989年，第162-164页）

工联常委会议记录
——关于讨论全国劳动大会、双十节纪念及海上日报问题（节录）

工联常会

到：公共汽车、码头、英电、煤炭、铁路。

一、九二一工作的报告。

二、全国劳动大会的问题。

主席：关于全国劳动大会的召集，有全总通告中说得很详细，我不多说，我所说的有下列几点：（1）现在的政治状况，国内军阀的混战已经爆发，国际间帝国主义互相让步，并利用其工具国民党向苏俄进攻。（2）上海的职工运动，自"五一"到现在，一天天的高涨，吓得国民党不得不用屠杀政策，但运动并不因之被压服。（3）反动派已改变了进攻工人的方式，用上海市总来欺骗蒙蔽工友，但上海工人是有训练的，各地区有□□□的，因为最主要的是军阀战争的爆发。九二一战间，兵工厂加夜工，招商停驶，船员失业，铁路运兵，工人之痛苦达于极点，全国劳动大会适于此时开会，在此大会中，我们要建立工人赤色组织，解除工友痛苦，提出全国工人斗争的纲领，提出我们工人总的要求。我们怎样来准备此劳动大会呢？预备了□□□告工人书，扩大大会的宣传，并将全总领导工人革命的历史扩大与深入到下面去，使全国工人都能在全总旗帜之下与统治阶级奋斗。宣传方面的准备，文字已准备好了各种印刷品，口头的召集各厂群众大会，报告全总通告。在十日以前各工厂开会选代表三人（中要有一青工），二十日以前各区召集区代表大会，二十七日以前全上海工人大会选举出席劳动大会代表。二十七日以前须开全上海青工代表大会，全上海规定十二人，由各厂选举。要注意日常斗争的联系，如正泰要使其斗争与大会联系起来。我们今天要讨论：（1）区怎样开会宣传。（2）重要的产业怎样使他马上就开会。

秘：（1）要讲定每个重要产业的开会日期。（2）十五号以前各厂开完，二十日各区开大会，同时青工开代表会，双十节前有开全上海工人代表大会的必要，对付反动派对于国庆日的纪念，发动劳动大会。

铁路：同意这位意见。我补充的：（1）我以为忽视了女工，应明日有女工代表的规定。（2）常会铁路几次无人出席，不光铁路消沉了，而且我们的关系没有弄好，铁路□下正有斗争。（3）双十节开全沪代表大会与双十节行动联系起来。（4）各区各重要产业在十五号以前开会。我要问的除沪东外，有几个区工联？

主席：（1）已经成立区工联的只有沪东、沪西，法南已成立区工联筹备处，闸北、沪中正在筹备中间。（2）青工内包含有女工，丝厂、纱厂都是女工，选出来的代表定是女工，即不是，亦是能提出女工的要求的，所以不必有女工代表的规定。

青工部：不同意十日前开代表大会，要发动到下面去，免使他们疲倦。

秘：一次大会不是调动群众，而是发动群众，我的意见仍是在六日开一代表大会。

煤炭：赞成六号开。

码头：同意。

铁路：同意。

决定：十月六日开全市代表大会，六日以前准备工作。沪东、沪西……尽量的开各工厂会。

决定：沪东老怡和、电车、恒丰、同兴、英美、华成、瑞镕。沪西溥益一、二厂，公共汽车，正泰，麻袋，内外棉，同益，同兴，申一。

闸北：电汽、丝厂、邮务、码头、铁路。

法南：兵工厂、棉织、法电、造船厂。

沪中：煤炭、估衣、报界、彩印、药业。

浦东：码头、日华。

以上各区内各厂在十五日前会都要开好。

宣传方面：

（1）各工会照工联通告准备。

（2）六日代表大会要全总出席参加。

（九月二十九日下午二时）

（上海市档案馆编：《上海工会联合会》，档案出版社，1989年，第178—180页）

中共江苏省委为全国劳动大会告工友

工友们！

国民党背叛革命，残杀革命民众，使将要成功的革命，受了极大的失败，已经动摇的帝国主义统治，仍旧安定起来。三次暴动的胜利，上海总工会替我们争得的条件，全被国民党所摧残！

从四一二屠杀上海工人起，两三年来，劳苦群众没有一天不受白色恐怖的屠杀，政治压迫，资本进攻，改良主义欺骗，四面八方的进攻！

帝国主义、国民党，一面进攻苏联，准备世界强盗战争，一面国内军阀混战，不断的扩大延长，这都是进攻革命、剥削工农劳苦群众血汗的把戏！

现在上海的米价涨到二十元了，油盐小菜都贵起来，房租也要增加，这都是军阀打仗的结果。还有铁路工友的储蓄金，国民党要拿去作军费；轮船火车都被扣住运兵；兵工厂加了一倍工作；铁路海员和兵工厂的工友的行动，都被军队监视；军阀战争延长扩大：简直是要逼死工人和劳苦的同胞！

国民党要消灭革命，就用指派、整理、封闭摧残工会，用上海市总工会来破坏工人组织。这还不够，再加上工会法来束缚工人，不断的屠杀工人领袖和共产党党员，彭湃、杨殷、李宝林、汤久芳等工农领袖，都惨死于国民党的屠刀之下！现在坐监牢的，还不知有多少！

国民党军阀以五万公债、各色各样的苛捐杂税，向工人劳苦群众搜刮战费，资本家更凶恶的向工人进攻，取消年赏，增加工时，加重生活，减少工资，取消有利工人的条件，强迫承认新厂规，大批开除工人，不顾工人利益强行关厂。这些已是普遍如此，工人阶级与劳苦群众已无法生活！

敌人虽用尽许多方法向工人进攻，但是革命斗争还是飞快的发展，失败后的革命运动，又开始复兴了，国民党政府比以前更加动摇。工人阶级应当努力领导这一斗争，准备推翻反动统治，澈底完成中国工农民主革命。

全国劳动大会，在十月革命纪念节开会。这一会议，在帝国主义准备大战、加紧进攻苏联、国内军阀开始混战、工人劳苦群众无法生活的时候举行，他所负的责任，非常重大！

江苏的工人最多，又是最有革命功绩的，本党特号召全江苏的工人劳苦群众，一致拥护劳动大会，督促出席的代表，决定切身的要求与革命的行动纲领，领导全体工人阶级与劳苦群众，为消灭帝国主义、国民党而战，为保护中国革命、完成中国革命、建立工农政府而战，为解放工农与劳苦群众而战！

全江苏的工人！起来！反对骗你们的黄色领袖，打倒上海市总工会！只有团结在全国总工会之下，才能得到彻底胜利，才能解放出来！

拥护全国劳动大会！

反对帝国主义大战！

反对进攻苏联！

反对军阀战争！

反对资本进攻和白色恐怖!

反对新厂规!

反对国民党吞没铁路工人储蓄金作军费!

反对强迫工人海员运兵!

反对加工时,减少工资,加重生活!

反对开除工人,失业工人向资本家要饭吃!要工做!

男女童工同样工作要同样工资!

女工产前产后要休息!

反对国民党的工会法!

打倒上海市总工会和黄色领袖,建立工人自己的工会!

打倒改组派和一切改良主义的欺骗!

实行八小时工作,童工六小时,星期日休息工资照给!

变军阀战争为反军阀的革命战争!

打倒帝国主义推翻国民党!

建立工农民主政权!

中国共产党江苏省执行委员会
(1929 年 10 月 22 日^①)

(中央档案馆、江苏省档案馆编:《江苏革命历史文件汇编》,1986 年,第 412-415 页)

---

① 年代为《江苏革命历史文件汇编》编者判定的。

工联各工会代表大会记录
——关于筹备全总劳动会议和选举出席代表问题

上海各工会代表大会

出席人数：码头三人，煤炭两人，老怡和三人，丝厂三人，估衣两人，制茶两人，溥益二厂两人，统益两人，永安三厂二人，大丰一人，内外棉一人，同兴一人，大丰布厂一人，怡和丙厂、棉织业两人，三新一人，药业一人。

议程：一、报告；二、讨论；三、选举出席劳动会议代表；四、临时动议；五、散会。

一、报告

1. 工联报告：

（1）工联接到全总劳动会议通告后，即进行筹备这一工作。劳动大会是因为 K 党进攻工人与帝国主义进攻苏联，迫得工人、农民日益痛苦、失业、死亡，自由被剥夺殆尽，因此，我们工农需要全国联合起来，反对 K 党及帝国主义。目前到处红军杀地主，进攻 K 党军队。又如北平人力车夫暴动等，都可以证明现在工农已经联合起来对付敌人。因此，目前需要一个总的斗争纲领。上海是工人阶级的中心，因此这一任务，上海工人要切实的负担起来。工联因此特召集各区各厂选举代表，讨论劳动大会提案与描写资方进攻工人的状况，通通提交全国劳动大会,这是第一步的筹备情形。今天在代表会上应当选举正式代表出席全国劳动大会。

（2）今天帝国主义、国民党一致进攻苏联与中国工农的当儿,这次劳动大会的意义特别重要。所以今天全上海的工人都当起来拥护这个示威。

（3）自从国民党内部军阀战争爆发之后,我们可以看出这次战争完全是接受帝国主义的指示的争地盘,争地盘的战争毫无革命的意义。战争爆发之后,国民党债重,增加苛捐杂税,加重工农痛苦,如丝厂资方供给军阀一百五十万,这些钱都是我们工人身上的血汗。其他各业各厂主也同样加紧压迫工人,工钱有减无加。工人在这种迫压底下,不能起来反对,如南洋罢工、商业怠工。商务的工会纯全是国民党包办的,工人被压迫的太苦了,遂坚决起来斗争,虽未完全胜利,但已相当的得到利益,并且还要要求米贴。

其次,如永安、内外棉等都是苦吃的最多的,正在爆发斗争。因此,我们可以看出国民党压迫下的工会,也都起来反对国民党,同时在工联领导下的工会也都起来斗争,这就是证明工人的力量一天天的超过了国民党的力量。国民党无论如何来屠杀、来镇压,也对付不了上海工人了。并且所有的黄色工会也在一天天的破产,如邮务、商务、南洋等首先都是 K 党口袋里的东西,然而这些工会的工友都起来反 K,现在只要我们切实努力,当然很快的可以推翻 K 的统治。但是有些斗争是失败了,这是因为:

a. 工会的组织不健全,同时还有许多未受工联指导,失了联合的力量与计划。因此,工人必须接受工联的指导,才能得到胜利。

b. 现在米卖到廿元，其他一切东西也都贵了，其原因已如上述。K党虽组织平价委员会，出十万元津贴平民，但他利用这个名义，每担米赚三元钱，十万担不知赚了多少钱呢。并且他与各米店商量平价，实在这些米店老板是办米出洋的，事实上米价是有加无减了，因此可以看出K党欺骗。现在上海工人人人都要米贴，所以工联提出一个要求米贴的口号，号召全上海工人向资本家要求米贴，向资本家进攻，这是第一个意义。米贵是由于军阀战争的影响，所以这个要求米贴的斗争，不仅是经济的斗争，而且是政治的斗争呢。工联自从有了这个决定之后，首先就号召电车工友要求米贴，用怠工的手段，每人加了米贴二元，这是工人接受工联指导的结果。其次报界工会也由工联引导，要求米贴得到胜利。这些事实证明工联所领导之斗争更要向前发展。在另一个方面，我们看K党对米价昂贵之办法不但不帮助工人要求米贴，而且还禁止工人要求米贴（如商务），这是全上海工人都可以看出的。

c. 工人斗争情绪的高涨已如上述，K党觉得危险，所以用欺骗的方法来和缓工人的斗争。另外就是改组派说蒋要滚了，汪来就好了。其实改组派在广时，三天内杀了工人五六千。汪蒋都是军阀，都是杀工人的刽子手，都是工人的死对头，只有靠工人力量打倒他们，我们才有出路。

d. 我们要斗争，当然要工会，打倒工贼、走狗、黄色领袖，由工人自己来组织工会，所以没有工会，要快快成立。

e. 南洋烟厂工人是全沪工人之一部分，K、资一致的压迫他们，他们还在□□□□□□。

2. 码头工友报告：

码头工会现在在K手中，K、资一致的压迫，我们要得到自由，只有在工联指导之下。我们做工赚得的钱都被资本家扣下来给国民党了，军阀战争起来，死的苦的都是工农，所以要打倒军阀，就要工农武装暴动起来。目前我们需要一次的、一次的斗争，到最后打倒他们。

3. 援助东京事件委员会代表报告：

今天是全上海工人领袖的大会，我有几句话报告。现在是K、资、帝联合一致进攻工人的时期，在这一时期，我们击退帝国主义者屠杀我们是一定有的。最近日本的东京有许多学生、工人向帝国主义者示威，反对进攻苏联。在这一个示威，正如我们在南京路示威一样，因此，日帝国主义者就把我们的学生、工人捉去了许多，并且严刑拷打。由此，我们看出帝国主义现正变本加厉的压迫中国，东京革命同胞的被捕，就是我们的被捕。因此，我们决定学生罢课、工人罢工，用示威来回答帝国主义。

二、讨论

估衣代表：工人因受不了资方的压迫，起来反抗，但资方厉害，公然勾结国民党，争夺我们的领导者，并利用工贼走狗的伪工会。这些事实告诉我们，如果得到胜利，必须武装起来，打倒帝国主义，打倒国民党。因此，我们不单是全国工友要联合起来，尤其要与苏联的工友联合起来。苏联是工人的国家，现在帝、K同进攻苏联，如苏联失败，我们工人永无翻身之日了，所以我们应当武装起来拥护苏联。

商务代表：商务也很受K压迫，我们要坚决的打倒他。

闸北门丝厂代表：丝厂工友每天工作十二小时，资本家利用国民党走狗压迫上海工人，上工若迟到一点，不但没有工钱，而且还要罚工钱，这是国民党军阀战争给与工人的痛苦，所以我们要反对军阀战争。

煤炭业代表：K党封闭我们的工会，雇佣非会员，大批开除工人，K、资一致的让工人四点钟起来，晚上十二点钟才有休息。我们应当团结起来，打倒K、资、帝才有出路。

丝厂代表：丝厂生活实在难做极了，早四点钟上工（名义上六点），下午五点才放工，而且管车还要打罚。

棉织代表：棉织因军阀战争，资本家开除大批工钱大的工人，代以童工，以便于剥削。

商务代表：资本家利用新机器，缩小范围，开除工人，代以童工，以便其剥削。

同兴代表：同兴厂以前六点上工，现在五点；以前一人一部车，现在管两部车；工人发传单，马上就要开除生意；工人疲倦打瞌睡也要打。最近剥削工人更厉害，开除工人。以前我们工人有米贴，现在已取消。工人去厕所也要罚钱。

法电代表：法电上次罢工，被K、帝、流氓武装强迫复工。自从两次失败以后，工人很难团结起来。

药业代表：现在飞、帝、资一致压迫工人，工人要求得出路，必须打倒他。

大丰代表：资、K一致的封闭我们的工会，并且停工不顾工人死活。资本家并不是生意不好，而是要进攻激烈分子，代以容易欺骗的工人，但工人还是不怕，要一致的打倒他们。我们要求条件到现在仍未答复，我们只有一点希望，即各工会联络起来。

制药代表：本工会自从前年被K解散以后屡欲恢复工会，终于被资本家压迫下去，迄今包工制未取消，故我们应联合起来。

三新代表：资本家停工，初给两个赏工，但今天又取消了。不加工钱，生活加紧，管车很严，常罚工钱，甚至罚一天的工钱。工人都要加工钱，资本家准备掉通班。

结论：资方一致的向工人进攻，如纱厂开除工人；棉织、丝厂工人反抗的时候，则用关厂来对付工人，实在目的在掉通班。又如估衣业工会不能成立是国民党的压迫，并且不断的枪毙工人领袖。又其次，各丝厂打盆工友不但要受热水烫，而且还要打。再其次，各厂普遍的损坏新机，又要开除工人。因此，我们应当要求建立工人自己的工会，要求米贴，要求加工钱，反对开除工人，反对加重工作，反对减少工资，反对克扣工资，罢工工资照给，争取一切自由，打倒帝国主义、国民党、资本家。现在他们准备世界大战，瓜分中国，进攻苏联，以及国民党内部的战争，压迫革命，资本家压迫工友。因此，我们在政治上应提出反对帝国主义的世界大战，武装拥护苏联，反对瓜分中国，反对军阀战争，武装消灭军阀战争，建立工农兵民主政权。全体举手通过。

（1）总要求，要工联立即印发。大家同意。

（2）反对改良主义的欺骗与白色恐怖。大众同意。

（3）全沪工友一致动员，要求米贴与增加工钿，由各厂代表立即回去发动。大众同意。

（4）赞助南洋问题。a.报告：南洋本来有南洋职工同志会，现被国民党包办,然工人反对,资本家即开除廿余人,全体工友反对,并拥护被开除的工人。工人不出厂,资方用自来水射击工人,武装队迫工人出厂,继续开除到四百余人。此刻有些领袖动摇,我们应帮助他们,壮他们的胆,并向他们指出资方无论如何都不会关厂,促进他们的斗争。全沪工人应即一致起来援助,派代表去慰问他们,拥护这个斗争。b. 讨论:估衣、南洋也是上海工人,各代表听见这一个报告应从实力上去援助,即进行募捐、发宣言(代表会议名义),告诉南洋罢工工友。全体举手通过。

(5)全总因外省有代表来,不能来参加,要我(主席)向各位道歉,并且由我作一报告,但因时间关系,我只做一个简单的报告(十月革命的报告)。

报告:十月革命是俄国革命,工人打倒俄皇、资本家、地主的政权,建立工人自己的国家的纪念日。在这十二年中,苏联工友完全自由了,并且工作时间仅六小时,种种的生活都改善了。现在帝国主义进攻苏联,我们应当反对进攻苏联,武装保护苏联,反对中国战争,反对瓜分中国,大家斗争起来,这是纪念十月革命的意义。工联号召全沪工友准于十月七日向帝国主义、国民党、资本家做一个总的示威。全体代表通过。

三、选举代表

商务、电汽、码头、丝厂、估衣、内外棉、兵工厂、老怡和、英美、三新纱厂、邮务、电车,以上全体通过。

当选代表的厂,两天内须将名字交来工联,由工联□□□□□□会议,并到十月六号,这些代表要去参加全国劳动大会,时须向资方请假十日。

四、临时动议

下午二时全体动员,各厂工友到四川路示威,反对日本帝国主义。全体通过。

十月廿六日上午

(上海市档案馆编:《上海工会联合会》,档案出版社,1989年,第212-217页)

全国第五次劳动大会的总结与精神

全国第五次劳动大会已经闭幕了。这次劳动大会，正值中国革命运动复兴中，统治阶级内部冲突剧烈爆发，军阀混战继续不断的表演，帝国主义、国民党积极在中国东北边界武装进攻世界革命大本营——苏联，以致实现瓜分中国的阴谋，同时加紧对于全国革命运动施以残酷压迫。第五次全国劳动大会即是在目前极严重政治局势之下，规定了全国工人阶级在革命中的重大任务。

中国工人阶级自国民党背叛革命后，两年来在反动统治极端高压和资本严厉进攻、改良主义黄色工会积极的来破坏全国工人的革命斗争形势之下，经过长期的艰难的奋斗，工人阶级的争斗又到了复兴的新时期。在这个剧烈的阶级斗争的时期，第五次全国劳动大会就是完成中国工人阶级在目前斗争中一切重要的革命策略和方针。

这次大会的开幕日期，是在俄国十月革命十二周年纪念日。一共开了五天大会，列席代表包括全国各重要的产业和城市的革命工会组织的代表〔如铁路、海员、矿山、五金、纺织及上海、天津、满洲、山东、河南、福建、香港（迟到）等代表〕。这些代表都是在业工人，经过各业、各地的工人选举出来，并且都是群众斗争中最勇敢战士。大会开幕以至闭幕，充分表现革命工人的奋斗精神，在会场中所表现热烈的情况，实为近两年来难得的现象。

大会在这种热烈的革命精神之下,来核查两年来全国工作情形,接受过去斗争经验,正确的估量目前中国革命和斗争的形势,详细讨论并决定各项重要斗争策略,指导今后中国工会运动的正确路线。在一致精神之下,得着美满的成功!

大会所决定的策略和方针,最主要的是:

(一)大会一致确定中国工人在目前革命阶段,最根本的革命任务是联合农民结成坚固的革命同盟,准备武装暴动,积极推翻帝国主义与国民党的反动统治,消灭封建的残余,帮助农民实行土地革命,建立工农兵代表会议——苏维埃政权,完成中国革命,以达到工人阶级的解放。

(二)大会一致接受中国共产党对于大会所贡献的政治上的指导,认定中国工人目前最主要的政治任务是反对帝国主义、国民党进攻工人祖国的苏联,实行武装拥护苏联,反对帝国主义瓜分中国,反对国内军阀战争,进行反对世界大战的准备工作。必须坚决反对国际改良主义,反对中国改组派、第三党等,号召全国工人反对工贼走狗所召集的亚细亚劳动会议。中国工人阶级应该在反对白色恐怖、争取政治自由、反抗资本进攻与反动政治的不断斗争中,在与国际革命工人及苏联工人亲密联合中,实现上述的任务。

(三)大会于决定一般的政治任务之后,更具体的决定中国工人阶级的行动纲领。在行动纲领中指出,中国工人目前政治上是要争取工人集会、结社、言论、罢工的自由,反对国民党束缚工会行动的工会法,反对工会向党部、官厅立案、注册、登记等办法,反对国民党用军警势力改组工会或解散工会以及限制罢工、强迫仲裁种种手段。撤退监视工人工作之武装警探，废除工厂中一切政治虐待，反对逮捕工人、杀害工人及法西斯蒂组织的活动，反对强迫加入党部、官厅的御用工会，反对黄色工会强收会费捐税，要力争在各厂范围内，尤其是在黄色工会的区域，有成立工厂委员会及工人自己革命的组织、保护工人利益的自由。

在经济要求方面，应立即实行八小时工作制；增加工资，应按照生活标准，规定最低工资，反对一切任何方式的克扣工资、拖欠工资的办法；应规定每星期有继续三十六小时的休息，每年有四星期继续休息；发给工资；实行保护女工、增加女工工资，产前产后应有四星期休息，工资照给；应废除十四岁以下的童工工作及童工女工之危险工作，同样工作应给同等工资；应根本废除包工制及包工头制，反对开除工人。关于工人待遇，指出应由工人自己组织的工会监督工厂设施最完备的卫生防险等设备，反对因生产合理化、进攻苏联及军阀混战而延长工作时间、加重工作、改恶待遇；反对工人储金制度、联保、照相、打骂、搜身、滥罚工资；举办工人社会保险，恢复失业工人工作、救济失业工人等。这个行动纲领是代表目前中国工人最痛苦的要求。大会号召全国工人为实现这个纲领而斗争。

（四）工会组织任务，在目前工人斗争的发展中极为重要。工会组织的主要问题，就是赤色工会的普遍建立，说明赤色工会组织是工人阶级自己的斗争工会，最能拥护工人利益、反对一切敌人的最有力武器。同时大会指出，赤色工会必须是群众的组织，必须有下层组织的坚固基础，必须建立起经常的赤色工会生活，在斗争中发挥作用，而反对一切不正确的工会取消主义和空洞机关。其次是规定赤色工会的组织系统应以产业为单位，每个地方的产业，只能组织一个工会，并重新规定全国工会的组织系统及工厂委员会的地位。

（五）黄色工会问题，是国民党反动后两年来工会运动中的主要问题。关于这个问题，大会曾有极热烈的讨论。大会认为，黄色工会在国内得着反动政治势力的扶持，压迫工人加入和欺骗的方法，已包括有一部分的群众，成为国民党压迫工人的有力工具。因此大会认为应当坚决的发展反黄色工会与其领袖的斗争，深入到黄色工会下层群众中，扩大赤色工会运动，夺取其大多数群众，这是目前赤色工会最中心的任务之一。夺取黄色工会群众工作的主要策略，是积极的发动群众斗争，领导群众反对一切合法和平的倾向，而不是采用和平方法，企图变黄色工会为赤色工会。在反黄色工会运动中，尤其重要的是扩大赤色工会的影响，加强革命政治的领导作用，消灭国民党的欺骗宣传；要在日常生活中不断揭破黄色领袖出卖工人、欺骗工人的种种罪状；要在黄色工会中提倡工人自动开会，建立工人自己的工会，反对黄色官僚，反对国民党委派整理委员、改组委员，对于背叛工人利益的领袖，号召群众予以严厉的制裁！在组织上说，应该在黄色工会中建立赤色工会支部，使在群众中加强领导力量和作用。在反黄色工会领导斗争中，更应该进一步的用工厂委员会组织，独立的领导斗争。只要赤色工会在群众中有了强固的地位，在斗争中便应坚决起来领导群众，以实行驱逐黄色领袖、消灭黄色工会组织。

（六）为扩大赤色工会的群众组织，工厂委员会的建立便成为赤色工会的第一重要问题。大会指出，工厂委员会不应该与工会混合，他是工会运动的一部分，是工会的辅助机关，经常存在与建筑在某个企业工人的全体群众上面。他的作用是经常领导工厂的日常斗争，保护工人的切身利益，反对国民党官僚走狗的有力工具，是组织斗争的阶级工会的基础。赤色工会支部应在工厂委员会中起核心领导作用，在反黄色工会的斗争中，他的作用特别显著，将成为斗争的中心组织、一切活动的中心。赤色工会将因工厂委员会的组织更扩大他的群众基础与影响。此外，关于工厂委员会的任务，均有详明的规定。大会号召全国工人来建立发展工厂委员会的组织。

（七）青工、女工在帝国主义与中国资本家实行生产合理化的过程中，占有极重要的位置。现在青工、女工、童工劳动力的增加，青工、女工生活条件的恶化，使青工、女工运动的任务更加严重。大会纠正过去忽略青工、女工工作的错误，指出青工、女工斗争的新趋势，是在整个阶级斗争中加强了他的伟大作用；指出青工、女工斗争的策略，应特别提出青工、女工的经济要求，在赤色工会正确指导之下，一致向资本家黄色工会争取青工、女工生活改善。在工会组织上，应设立青工部、女工部，执行工会对于青工、女工的工作和计划，加紧青工、女工的教育和训练，努力打破过去一切行会思想。童子团是赤色工会给与童工正确的阶级教育，学徒联合会是帮助建立赤色工会的重要组织。发挥上述青工、女工的辅助组织在黄色工会中的革命作用，尤为重要。大会通过的青工、女工决议案，就是正确回答这些问题的。

除上述主要各点外，大会对于农村工人问题，指出这个工作的重要及其在苏维埃赤色区域的工会工作方式。在工农联合决议案中，指出中国工农联合在经济上的深厚基础，分析农民原始暴动的失败，是源于没有农村无产阶级与城市无产阶级的坚强联盟。目前必须使农村中的中农、贫农、农村无产阶级及半无产阶级，与城市工人的联盟强固起来。城市工人必须帮助他们与帝国主义、地主、官僚、资本家作不断的斗争。大会对于工人武装问题，号召全国工人建立赤色武装卫队，施以政治与军事教育训练，作为实行武装拥护苏联、准备武装暴动、反抗法西斯蒂、反抗白色恐怖、拥护工会保证工人利益的力量。此外，对于"中国人道互济会"的工作，大会决定全国工人阶级应予以深厚的同情和援助，在不断的斗争中增进工人阶级的阶级互助和声援。其他宣传工作，铁路、海员、重工业都有重要决议。最后改选全国总工会执行委员会，强大全国工人阶级的总指挥部。

全国第五次劳动大会已获得伟大的成功，确定了中国工人阶级的政治任务，规定了全国工人斗争纲领，决定了一切斗争策略和方针。这些策略和方针都是目前全国工人阶级斗争中最有力的武器，可以用这个武器来战胜一切敌人，获得工人阶级的胜利。

本会号召全国工友热诚的来拥护第五次劳动大会的一切决议案，共同努力的来实现大会一切精神和决议。要忠实的在行动上去执行，以完成大会所给予的伟大任务。

全国各工会应即召集工友开会，报告大会的精神和一切决议案；要讨论一切执行方法；要使大会一切精神普遍的传播到广大的工人群众中去；要领导全国工人热烈的拥护大会的决议，执行大会的决议；要大会的一切决议都变成全国工人斗争的武

器。最后,我们的口号:

第五次劳动大会成功万岁!

劳动大会的决议是目前工人阶级斗争的武器!

拥护劳动大会的决议!

实现大会的一切决议和精神!

全国工人阶级胜利万岁!

中华全国总工会叩
1929 年 11 月 20 日

(中华全国总工会中国工人运动史研究室编:《中国工会历次代表大会文献》,工人出版社,1984 年,第 407-412 页)

工联工作人员会议记录
——关于参加全国劳动大会纪念广暴为各区委工作情况的报告（节录）

工作人员会议记录

到席：光明、洪周、纪新、丙先、叙远、荣生、卓民、仲康、迅雷、胡敏。

议事日程：一、劳动大会报告；二、广暴讨论；三、各区讨论报告。

上次因出席省委的会议，所以无人出席。

一、报告

这一次全国劳动大会在上海开幕，这就是根据政治环境的转变：军阀混战的遍及全国，统治阶级的动摇，各处工人斗争起来，商人罢市，等等。不过有些工人有希望改组派到来较为好点的错误观念。其次是帝国主义的公开的反对苏联、进攻苏联，国民党的大造谣言，说苏俄如何政击中国……再次是各处的工人斗争，如天津、北平、唐山、武汉的工人斗争，好像革命高潮马上要到来。大会本拟十月七日开，后来因为特别关系改为十月十日开了，到了天津、北平、唐山、满洲、武汉等处的代表，其中以上海代表为最好；到部门有铁路、矿山职工等。上海代表表现非常之好，不过乔生发不好些。

大会的组织讨论问题有：1.工厂委员会；2.议黄色工会；3.全国铁路委员会；4.职工委员会；5.青工妇女委员会；6.讨论今后斗争纲领。

第一日上半日是预备会，下半天讨论议事日程。第二日上半天是共产党代表报告，下半天讨论，晚上国际代表报告各帝国主义进攻苏联的阴谋，报告很长，报告后大呼口号。第三日讨论行动纲领，此纲领可以运用到工厂、农村……结果通过了。又讨论黄色工会，现在 K 党的进攻必需利用工会走狗来进攻工人，如青岛及河南等省有许多黄色工会，并因各工人幻想改组派改良我们，因此对他非常严重。各代表发表意见亦特别多，但我的策略是要参加黄色工会去暴露其阴谋，并要参加黄色工会的小组等去转变他为赤色工会，再由工厂委员来发动斗争，反对 K 党的执行委员……的引导，在此时我们必要利用工厂委员会去领导斗争，转变为赤色工会。反对黄色倾向，因此我们在黄色工会中反对黄色倾向及继续不断的发生斗争。在工厂委员会的讨论决定了他的意义、作用、组织运用等，即是无论有无赤色工会或黄色工会，如有斗争起来，不管人数多少，我们去组织之，来领导斗争，或一间，或一部，后来由一部、一厂到一国的一地方的工厂委员会。现在法国、德国都有全国工厂委员会，但在赤色工会中亦可用工厂委员会去领导斗争。工厂委员会有长久存在的性质，即胜利了即可保留存在。至于组织问题亦很重要，在客观上非常之好，如青岛的罢工有数万，而领导的只十余人；即在上海有八十万工人，我们只有三千，可以到会的只有一千，是很可怜的。所以在现在组织非常重要，但组织必定要发展斗争，发展赤色工会的组织，无论何种工人都好，并且要注重下层，且要上下联络。再次是青工妇女问题，现在资本家用生产合理化开除成年工人，以青年女工代替。如上海的工厂，以前一人只管理三四部车，现在呢？要管理十余部车了。所以要将青工妇女与成年工人联系起来。大会中决定青工妇女纲领及他的组织，并且规定了有系统的组织。再次是教育、宣传问题，如工厂小报及宣传品问题，因无时间，所以没有详细讨论，只将全国提出的意见通过。再次是农民问题，大会中发宣言告农民，决定农工大联盟及注意雇农，并决定帮助农民运动。其次海员问题亦讨论许多。其次政治问题是反对军阀大战及武装保护苏联等。现在我报告完，详细情形可参阅全总出的小册子，各位同志有何疑问？

荣生：全国有组织工人多少？光答：有四万。荣问：青工妇女组织如何？光答：已有具体办法。

迅雷：海员出多少？光答：到一人。迅问：铁路多少代表到会？光答：京汉都有来。失业问题，决定有系统的组织失业委员会。

（十一月二十一日上午八时—下午二时半）

（上海市档案馆编：《上海工会联合会》，档案出版社，1989年，第246-248页）

香港工作决议案[*]
——与香港出席第五次劳动大会代表的讨论决定

香港是英帝国主义直接统治的地方。自从国民党反动投降英帝国主义以来，英帝国主义在香港又逐渐来恢复经济政治的旧有地位，积极施行剥削工人、压迫工人的政策。同时，香港逐渐将工厂移到印度各地，工商业日渐现衰败现象，中国资产阶级在英帝国主义政府保护之下，更凶横的向香港工人残酷的榨取。因此，香港工人阶级的生活，两年来陷于空前残酷的地位。工资的低落，工时的延长，拌工制的在大产业中的普遍采用，失业人数的激增，以及香港政府警察侦探制度的严厉镇压，都使香港工人不能安定的生活，必然出于最后的反抗。

香港工人一方面因为生活痛苦的逼迫；另一方面他们在香港罢工时代曾发生过群众广大的斗争，争得本身生活改善的条件，这个历史的斗争，确实在现今香港工人中还遗留有很大的影响。香港工人当以前争取的胜利条件被资本家抢回的时候，当资本家进攻不断向他们袭击的时候，他们的争斗情绪，必然是更加增进。所以两年中香港工人虽然在帝国主义严厉统治之下，他们的斗争，仍然是不断的爆发。如黄浦船厂的斗争，九龙货仓的斗争，皇家工人、邮政、铁路的加薪要求以及最近

---

[*] 本文原载一九三〇年二月出版的《全总通讯》第一期。

"俄国皇后号"的伟大罢工,都是很明白的表示,并且就目前各业工人的争斗形势观,证明这个争斗的发展,还很有辽阔的前途。

因为现在是帝国主义准备世界大战、进攻苏联最紧张的时候,同时也是加紧对于中国殖民地的剥削和榨取的时候,所以英帝国主义在香港,在经济上不惟毫无半点向工人阶级让步的可能,而且只有更加严酷的榨取和压迫;加以国内军阀的不断混战,社会经济的激烈崩溃,物价高涨,捐税繁重,到处影响工人生活日趋恶化,促成香港工人阶级酝酿种种大的小的斗争,以及海员工人再接再厉的反对涉孖沙运动。这些运动,很有形成一个反英帝国主义的总斗争的可能。组织这个斗争,领导这个总的斗争,便是香港工会运动的中心任务。

过去香港工会工作,因为没有正确认识客观的形势,没有充分了解香港工人的生活和要求,没有有计划的指导全港工人斗争,尤其缺乏建立群众工会的工作的方法,因此,工会的发展极其迟缓,工人阶级的战线始终停顿于散漫不振的境况。今后如果这样下去,决不能负担目前重大任务的。所以必须立即纠正过去的错误,努力执行第五次劳动大会决议案的一般原则。在执行大会决议案的时候,兹更具体的规定下列重要各项:

一、香港工会现在虽然有部分的发展,但是数量仍是十分的微弱,而且没有在各重要产业中建立起群众的基础。今后香港工会工作,必须用最大的努力建立全港各主要产业的工会,要认定船厂、海员、铁路、市政、码头是香港工会的主要台柱,更须注意皇家工人。只有建立起主要产业工会才能实际领导起工人组织。

二、现在香港产业工人，除一部分机器工人是在黄色的机器工会影响之下，其余大部分还是没有组织的，而有组织的多半是职业的行会形式。黄色工会虽然还没有很大的势力，但是他影响工人中的极重要部分，而且就目前政治形势观察，改组派与黄色工会在工人中的活动，将来必有很大的危险。过去对于皇家工人及船厂中黄色工会的忽视，没有积极的办法，是一个最大的错误。因此，根据大会黄色工会工作的策略，努力进行瓦解黄色工会的工作，反对改良主义，尤其是国民党的组织，成为现在香港工会工作的主要任务。

三、建立主要的产业工人的工会群众组织。要消灭黄色工会在工人中的影响，正确的领导工人群众的斗争，是最有效的手段。香港帝国主义与中国资本家共同造成的有系统的资本进攻，在各大产业中普遍的采用拌工制，开除大批熟练工人，减低工人的工资，加紧工厂中的政治虐待，这是激起香港工人斗争的伟大动力。我们必须综合资本家进攻所加于工人的一切痛苦，有计划的在工人中宣传。因此，反对拌工制，现在是唤起全体工友起来斗争的中心口号，扩大这个口号的宣传，无疑地必然可以团结全港工友起来行动，正如海员工友反对涉仔沙制，现在成为不可抵御的大运动。

四、工会群众组织的第二个重要任务，就是要有计划的破坏现有的一切在工人中的行会性的组织形式，形成革命的产业组织。现在工代会下面的有些工会，仍然带有深厚的行会性，因为在历史上，机器工会是助长这个倾向的主动者。如果没有最大的努力克服工人中的这个偏向，革命工会的统一运动是不能成功的。就是在手工业中间仍然须要与行会思想作一大争斗。

五、为使得香港工人斗争更广大的发展起来，工代会应特别注意工人生活的实际要求，有计划的去发动群众的争斗，使每一部门争斗，都要与全厂工人发生密切联系，号召全厂其他部门的工人起来援助，提出全厂工人争斗要求，来号召全厂一致争斗；逐渐打破个别职业部门争斗现象，进而为整个的工厂或职业的争斗。为实现这一争斗，工代会首先在工会组织上要注意在工厂各部中普遍发展，建立带全厂性的赤色工会支部或全厂工会组织，才能在组织上更加推动整个斗争发展。

六、香港是英帝国主义直接统治地方，群众争斗发展是直接与帝国主义冲突，并且过去的反帝国主义运动，已发展成为全港工人的大罢工，群众在争斗中更是明显成为帝国主义的政治压迫。因此，香港工人争斗与反帝国主义争斗的联系是一很重要的中心任务。只有在反帝国主义与群众经济争斗联系发展中，才更能发动广大群众争斗的发展，才能使香港工人争斗走上更伟大的争斗前途。特别在反对帝国主义大战与拥护苏联任务中，香港工人的争斗，更要注意在争斗上的联系，而实现香港工人反对世界大战与拥护苏联的任务。

七、发动全港工人的斗争，必须与实现大会争斗纲领相联系。要根据全港工人的要求，规定全港工人要求纲领为全港工人斗争总目标，甚至一厂一业，都要定出实际的要求纲领，在群众中做广大宣传。组织领导这个斗争的方式，就是工厂委员会。就香港的客观环境说来，工厂委员会的建立，是领导争斗、发展工会组织的最适当的可能方法。香港工会必须根据大会决议，纠正过去对工厂委员会模糊观念及一切误解（如过去所称在铁路、船厂的工厂委员会，都是名不符实的），正确的发挥工厂委员会的作用,然后才能担负领导斗争、保护工人利益、发展工会组织、消灭黄色工会的任务。

八、关于建立赤色工会下层群众基础的工作,这是目前最基本的工作。检查过去的工作,充分证明极少了解,过去工代会因为没有了解建立群众基础工作的重要,所以造成与工人群众隔离的现象。不能反映工人群众意识,便不能尽工会的指导责任,因此工代会渐渐要变为空招牌的机关了,不能有计划的在重要产业工人中、一厂各部门去发展和建立工会组织,使工代会只能限于很小的范围的活动,不能形成广大群众的指导机关。今后工代会必须纠正以往缺点,按照大会组织决议案,设法建立工会的下层强固组织,在工厂中有普遍发展,吸引多数工人积极参加工会生活。工代会的机关,必须向群众公开起来,并且应该多多吸引积极革命分子参加到工会执委会中,办理事务,学习经验,养成多数工会能干人才。代表会议,要规定经常会议(一月一次或二次),出席代表必须要由下级工会组织全体工友选出固定代表,工代会一切重要问题,都要提交代表会讨论与决定,工代会执行。以后要竭力改正过去与下层组织关系,由人的关系,进而为组织关系,工代会对于下层指导,特别注重站在组织关系上来指导。

九、宣传工作,过去没有经常的充分的去进行。这一工作,应特别注意工人生活与经济要求的宣传,要在这些实际宣传中来联系到反帝国主义、反国民党、拥护苏联等宣传,才能在群众中增加宣传的力量。要竭力改正过去单纯政治宣传,脱离群众实际生活的方式。工代会三日刊,应按期出版,不能随时中断,内容应多注意工人日常生活经济斗争的要求及争斗的事实,加强工代会对于斗争的指示,文字要简短。工厂小报,应有计划去进行,特别着重工厂的问题与工人要求,改正过去长篇大论的空文章。

十、青女工工作,另有专信指示。

(1929年12月)

(中华全国总工会中国职工运动史研究室编:《中国工会历史文献》,工人出版社,1958年,第338-342页)

中华全国总工会向赤色职工国际的报告（节录）

五、第五次劳动大会的经过及最近全总的工作

全总对于劳动大会的召集的决定，是在八月已决定通告全国，即行开始准备，并在各地事前做了相当宣传。大会议事日程及各种草案提纲事先分发各级工会讨论。当时按照全国产业及重要工人区域，规定全国各地出席代表四十人，因为全国在白色恐怖之下，不容许有多数代表来参加，因此按照重要产业指定派代表一人，规定十月革命节开幕。不料将届期的时候，军阀战争（蒋冯战争）在河南爆发了，交通发生阻碍，使许多代表不能如期来到，甚至在武汉、河南、四川等地代表没有到会。大会七号开幕，正式会议延至十一月九日开始进行议事日程的讨论。计到会代表有铁路、海员、矿山、五金、纺织及上海、天津、满洲、山东、河南、福建等，前后共廿九人，而香港代表三人——船厂二人（内青工一人）、针织工女代表一人，香港海员二人，闽西红色区域总工会代表一人等迟到几日。到会代表除海总一人、上海海员工会一人、铁总一人、上海工联会代表一人是工会职员，其余代表均是在业的赤色会员，经过群众大会或代表大会选举出来的。代表的成分，除上海店员二人外，均是产业工人，并且大部分都是领导斗争的积极分子，这是这次大会中很好的一个优点。

大会议事日程中，主要是工人斗争纲领、拥护苏联决议案、

组织问题、反对黄色工会问题、工厂委员会问题、青女工问题、工人武装问题，等等。正式决议案计有十个：工会任务决议案、全国工人斗争纲领、组织决议案、对黄色工会决议案、工厂委员会决议案、青女工决议案、工人武装决议案、农村工人工作大纲、工农联合决议案、宣传教育决议案。还有几个小决议案：反对国民党工会法、组织参加苏联代表团、对于全总工会报告决议。另有两个专门决议，即海员、铁路工作决议案。

大会组织——主席团共七人：铁路、海员各一人，矿工一人（青工），香港一人，上海二人（内女工一人），全总常委一人。秘书处共分五科：文书，招待，宣传，会计，特务。议案起草委员会共有五个：斗争纲领，组织问题，对黄色工会，工厂委员会，青女工问题委员会外，有专门委员会两个，即铁路、海员委员会。因为在严重白色恐怖之下，这样重要的大会，为了警备及管理会场起见，由全体代表组织一个管理委员会，以三人组织，以负管理全会场之责，下分卫生、警戒、游艺、寝膳、收发（发文件）五组，每组组长一人，组员若干人，均由代表充当。

大会共开了五天会议，正式大会七次，委员会每个开两次以上。在每次会议中每代表都有两次以上发言，对于一切问题均是极热烈的讨论。特别是黄色工会问题，成为大会中讨论的最中心问题，每个代表都能将各地黄色工会压迫工人及欺骗群众、出卖斗争的事实贡献于大会讨论，很精细的讨论对于黄色工会一切策略和办法，表现反对黄色工会斗争的十分决心，在会场充满热烈、勇敢、坚决斗争的情绪。对于大会各种问题，虽没有很大的辩论和争执，但是在一致精神之下，通过了各种重要决议案,这种热烈讨论的会议精神,实为二三年来少有的现象。

最后大会的选举,因为环境关系,不能将各地工人干部完全到会,所以前已由大会筹备会规定名额,通知各地各工会,事前按照名额选举,作为预选名单,大会根据这种预选名单,投票选举。计正式执行委员二十七人,候补十八人,包含铁路、海员、矿工、兵工厂、丝纱厂、满洲、天津、上海、青岛、香港、武汉、厦门等产业及区域。正式、候补,在产业工人中占二分之一以上(共卅人)。大会闭幕后,第一次执行委员会选举执行委员长及正式常委七人、候补五人,正式常委有二人在业(上海兵工厂工人、邮政工人)及执行大会的一切决议工作。

这次大会虽因环境关系不能有很多代表到会,但是代表成分,大多数是重要产业的在业工人。这次大会更正确的确定中国工人阶级在革命中的任务,规定了一切斗争的策略和新的战术,这不仅是政治上,而且在中国工会运动上都有非常大的意义。可以说这次大会在各方面都获得了相当的成功。关于大会一切决议另行附上,请求批准。

全总新常委成立后,即根据大会的决议及精神,开始工作,并开始三个月的工作计划。(计划略——编者)

全总新常委根据这个计划,首先就是传达大会决议案和精神到全国工人中去,除将大会决议案编印十六种小册,并立即到上海工联会所属各工会召集代表大会和工人中积极分子开会,报告大会经过及重要决议,并已专派二人,一到北方及铁路工会,一到香港及海员工会去报告大会的决议及精神。

第二就是对于全国工作的布置,已增派有经验的新执委到天津加强铁总组织,并计划发展各种组织,同时加派候补常委及执委到香港海员总工会及香港工代会实际去整顿工会工作。武汉、青岛、满洲、无锡、南通、南京等地，已派有经验的上海干部加强该地工会工作和发展工会组织（无锡、南通等地），现已执行了。

全总根据全国工人斗争发展形势，以及几个重要产业的实际斗争的现象，有计划的去布置全国几个重要产业工人斗争，如铁路中之京奉、京绥两路全路争斗，五矿工人的总斗争，确定有计划的去组织全路罢工和五矿总罢工，均对于该地工会有详细工作和具体方法的指导，并由当地工会负责人来全总详细讨论过一次。对于上海之丝厂、纱厂、市政工人的斗争，更由全总直接参加工联，帮助布置这些争斗，有计划的去组织同盟罢工。对全国各地争斗都有新的指示，以及如何有计划去发展群众争斗、组织罢工，都有详细指示。因为工人争斗浪潮日渐汹涌起来，在客观上每一争斗很快的发展为罢工，每一罢工都易于转为政治斗争。至于同盟罢工，不仅在目前全国各地争斗发展，而资本家对于工人进攻是采取共同一致步骤，使许多个别罢工，不易取得胜利，而被敌人采取个别击破的策略而遭失败，而且在客观群众斗争自发的同盟罢工，在全国各地亦数见不鲜。在全国革命运动复兴中、斗争浪潮急进中，为了推进争斗浪潮急剧的发展、促进中国革命高潮的到来，有计划的去组织全国各地重要产业工人的同一地方的产业同盟罢工，这是目前最中心策略，同时也就是全总目前最中心任务。现在已在开始执行这一任务和这一中心策略。

全国工作中最重要的基本问题，就是工会组织问题，全总现在用最大的努力去实现这一工作。因此，全总首先来检查上海工会的组织和工作，组织巡查上海工会委员会，实际到下层工会去检查并帮助他建立赤色工会下层基本组织，建立工会生活，增加一般赤色会员对于工会的积极作用。现在已开始了二礼拜的工作，俟巡视完毕后，对于上海全部工作，加以积极整理，详细随后再报告。

上海巡视完毕后，即分派人到顺直、满洲去巡视。对于上海附近的津浦、宁沪杭铁路，长江沿海海员工作，因海总、铁总离此太远，不能顾及，现在直接由全总来发展这一工作。

为了建立全国各地工会的密切关系，已正式建立全国交通线，这已经实现了。

现在我们决定今年"二七"七周年纪念举行全国赤色工会反军阀战争、赤色工会自由运动周（二月一日至七日），在一周内尽量来扩大赤色工会组织，实际争取赤色工会公开争斗，联系到反军阀战争、反国民党白色恐怖、反帝国主义、拥护苏联等政治任务，尤其是工人的实际生活要求，发动争斗；到七日，全国各地举行罢工示威游行，特别是在铁路工人中要加紧这一工作。现在积极准备这一工作，俟这一工作结果后，当作专门报告。

最后我们对于国际的要求，对于中国工会的工作，能随时加以指导，使中国工会在正确路线之下，完成他的任务。

1930 年 1 月 7 日

（中华全国总工会中国职工运动史研究室编：《中国工会历史文献 2》，工人出版社，1958 年，第 365—386 页）

1928年—1930年中国职工运动状况(节录)

罗章龙[*]

第五次全国劳动大会的召集,一方面正值帝国主义国民党利用中东路实行武装进攻苏联,同时全国革命斗争更走上新的发展阶段——日益走向革命高潮。中国革命工会运动,已进到新的发展时期,赤色工会的任务,应有新的确定。五次大会在中国革命运动上,尤其是在赤色工会运动发展上,的确有他的伟大意义和成功,这次会议正确的决定了赤色工会的政治行动,最中心的是确定赤色工会领导与组织的独立发展的路线。改正过去对于黄色工会的一切策略错误,更明确赤色工会发展基础,应建立重要产业工人及产业区域以及其他各种策略。

第五次劳动大会以后,赤色工会运动遂在重要产业工人(如铁路、海员、兵工厂、矿山)中有了发展,重要产业区域和中心城市,都有相当发展和基础建立(如武汉、哈尔滨、无锡等),可是,这一时期群众斗争更加尖锐化。日益走向剧烈的阶级斗争的最高方式,黄色工会更加法西斯蒂化,更加成为统治阶级的机关之一部,群众斗争大部分在赤色工会领导之下,赤色工会逐渐成为目前中国工人阶级唯一的领导者,赤色工会的

---

[*] 文章发表时,署名:文虎。

政治威信大大的增长起来,去年年关斗争,在廿六次斗争中,有十六次完全在赤色工会的领导之下,并且大部分得有相当胜利,其它十次是群众自发的斗争,没有一个是黄色工会领导的。自今年"五一"到"五卅"的红色五月工作中,全国各地的伟大示威运动和斗争,"五一"有十二个城市的群众示威运动(上海、天津、香港、武汉、南京、江阴、启东、厦门、哈尔滨等),完全在各地赤色工会领导之下,更在广大群众中表明只有赤色工会是中国工人唯一的领导者〔自国民党各派至取消派陈独秀等在五月中充分表明他们对工人斗争和一切运动不仅不领导,并且采取极端反动态度,特别在上海电汽车同盟罢工中(赤色工会领导的)他们都一致运用各种方法来企图消灭罢工〕,因此,赤色工会在全国工人阶级中政治威信有极大的增加,赤色工会组织的发展,在客观上有绝对的优胜条件。

……

第五次劳动大会是十月革命十二周年纪念日举行的,到会的有铁路、海员、矿山、五金纺纱各重要产业及上海、天津、满洲、山东、河南、福建、香港,各大城市的工人代表,在这次大会上确定中国工人的政治任务是联合农民结成坚固的同盟,准备武装暴动,推翻帝国主义与国民党的反动统治,建立苏维埃政权,大会通过全国工人斗争纲领,赤色工会的组织任务决议案,关于黄色工会问题决议案,工厂委员会决议案,青工、女工问题决议案,农村运动大纲,工人武装及矿山铁路、海员、上海、香港、青工、女工决议案,并选举全国新执行委员会,会场讨论情形,极为热烈,为一九二七年空前的新现象。

……

十二月二十一日即广州暴动纪念日为全国工人纪念日，举行罢工示威反国民党的统治，并且决定是日起一星期为反军阀战争周，加紧在工人群众中宣传鼓动，反对军阀战争，用阶级战争消灭军阀战争，这一周的运动在上海、香港、天津各地均举行。

……

第五次劳动大会并正式通过拥护苏联决议案，决议发起组织赴苏联参观代表团，大会闭幕后，即在全国各工厂区开始宣传这个工作，并选派代表准备出发。

（中华全国总工会中国工人运动史研究室编：《中国工运史料》，第23期，工人出版社，1983年，第105页）

报刊报道

第五次全国劳动大会的成功与中国工人运动的前途

震 中

自从一九二七年的大革命失败,中国的工人阶级受了极大的牺牲,所有革命工会都被国民党军阀摧残封闭了,几万的革命的工人领袖被国民党军阀屠杀了。工人在革命高潮时所得到谋益条件,也都被国民党军阀取消了,全国工人阶级的生活,一天一天的恶化,政治的自由也一点没有,同时国民党和国民政府,又到处去组织什么黄色工会,作劳资合作增加生产的宣传,用"和平"、"请愿"、"仲裁"等办法去代替群众的行动,企图缓和工人的斗争,消灭工人的斗争,以维持他们这种吃人的制度,同时那国民党军阀又在国际帝国主义的操纵指使之下加紧向工人阶级的祖国苏联进攻,出卖了山东、满洲,承认西原借款,出卖海军与航空,总而言之,中国国民党完全变成帝国主义进攻苏联、瓜分中国的工具,屠杀工农的刽子手,可是另一方面,工人阶级虽然在这种白色恐怖之下,仍然继续不断的□□斗争,一般的工人阶级差不多都认识了国民党及黄色领袖的欺骗,都认清青天白日旗是白色恐怖的旗帜,打破了对国民党的幻想,积极去求他们自己的出路。

第五次全国劳动大会,正当着□中国革命开始复兴的时候,在这四方八面敌人的包围之中开幕了、成功了，这不是一件偶然的事情，第五次全国劳动大会的成功，在中国工人运动的历史上，有重大意义，这次全国大会到会的代表，在数量上当然没有第三次、第四次那样多，可是在质量上却非常的重要，因为这次到会的代表第一都是几个重要地方的盐业工人，第二都是在这种极端□之下屡次领导斗争的领袖，把他们在各地艰难困苦的斗争中所得的宝贵的经验都带来了，大家互相交换，他们在几年的艰苦的奋斗中，感觉到了许多困难，要求知识的心异常之切，每天开十五六点钟的会，他们丝毫不感觉痛苦，同时这次大会各种决议案，特别是工厂委员会议决案、行动大纲议决案、反黄色工会决议案，都是目前中国工人运动中对症之药，对于过去强迫罢工、命令主义、"委派制度"等恶习，一概肃清，我们可以说这次到会的代表之后以各地工人近来要求斗争各种决议案的□用，以及各代表精神的振作，必能使各地的革命工人的斗争扩大起来，这次到会的代表都可以变成各厂发动工人斗争的酵母。

总之五次劳动大会的成功，是中国工人运动前途□发展与胜利的保障。

十一月十三号

（《劳动》，1929 年第 17 期）

中国六次劳动大会简述(节录)

第五次全国劳动大会,于一九二九年,在上海秘密举行。由于城市是反革命力量集中的据点,很难进行革命活动,乃号召和组织工人下乡,以便帮助农民——中国工人阶级最广大可靠的革命同盟军组织起来,发动游击战争和土地革命。

(《苏北日报》,1949年5月1日,第二版)

附录

虎口里的斗争

张文秋

在人民当家作主的今天，我曾经出席过不止一次的全国性的会议。当我每次看到代表们自由自在、欢笑地聚集一堂，彼此间畅所欲言的时候，我总要想起过去我们在白区要召开一个全国性的会是多么的不容易，是多么的艰险啊！特别是1929年中华全国总工会在上海秘密召开的第五次全国劳动大会，因为我协助办理了那一次大会工作，所以当时的情景给我的印象更是深刻。

1929年春天，我刚刚从济南监狱里脱险出来，党就把我调到上海，派我在党中央的一个机关里担任林育南同志的秘书。那时，中国革命正由低潮转向高潮，敌人对革命运动施展着残酷的压迫，党的机关和党的工作同志，都必须严密地隐蔽起来，才能进行革命活动。因此，党就决定我和林育南同志成为假夫妇，住在机关里，以应付环境。林育南同志还装成一个从南洋新加坡回国经商的华侨。我们租了一栋相当宽敞的三层楼房，作为革命活动的据点。这栋房子的条件很适合我们的要求，三面临街，都有大门可以出入；一面是英租界卡德路（现在改常德路），一面是英租界爱文义路（现在叫北京西路），还有一面街道的名称被我忘记了。楼下一层是我和林育南同志的住室，陈设有各种日用家具，很像个阔气资本家的家庭的布置；楼上两层则是办公和开会的地方，在各个房间里各有草席，个别房间里也有一两张桌凳，供同志们在开会和晚上睡觉时应用。楼上临街房间的玻璃窗，还挂有墨绿色的呢窗帘，以防止街上人发现室内的情况。我们还故意摆出很阔绰的样子，还雇有大师傅、老妈子等各种"佣人"。其实，这些所谓"佣人"，都是自己的同志或同志们的亲属装扮成的。从表面上来看，这栋楼房俨然就是一家资本家的住宅，谁见了也不会怀疑。

在这一年的10月，党中央派林育南同志负责，先在这栋房子里秘密召开了成立中央苏维埃政府的准备会议（简称苏准会），全国各个苏区（即革命根据地）和各地党的地下组织，差不多都派有代表参加。这次会议结束以后，在11月7日，即俄国十月革命十二周年纪念的一天，中华全国总工会又在这栋房子里召开了第五次全国劳动大会。我和林育南同志作为这栋房子的主人，把所有来参加开会的代表都当作我们的客人接待。

参加这次大会的代表共有40多人，都是经过各地在业工人选举出来的，代表着全国各重要的产业和城市的革命工会组织及工人群众。他们都是在群众斗争中涌现出来的最勇敢的战士。开幕的那天，中共中央还派林育南同志代表中央向大会致了祝词。大会一共开了六天，代表们在会场中始终表现了热烈的情绪和团结奋斗的革命精神。前五天都是小组会，阅读和讨论各种文件。我当时因为忙于事务工作，如散发大会文件，派人出去联络和采买日常生活用品等，所以没有参加过小组会。只知道小组会开得非常紧张，夜以继日地进行。最后一天，举行了全体代表大会，我也参加了。会上空气异常紧张。代表们都以严肃的态度，默不作声地坐在草席上，静听着项英同志以低沉的声音作的报告。在项英同志发言以后，有个东北抚顺的代表突然站起来，以十分沉痛的心情和愤怒的声音报告了当时东北矿工生活的惨痛情况。日本帝国主义对待中国工人的惨无人道的暴行和无情剥削的事实，激起了全体代表们的愤恨和同情，许多人都流出了眼泪；我也感到鼻子一阵发酸，两眼泪水盈眶欲滴。

据我所知，这次大会讨论并通过了以下几个主要的议案：组织职工群众到农村或苏区去，帮助农民建立武装革命组织，进行游击战争；拥护世界工人的祖国苏联，反对帝国主义进攻苏联和侵略中国；在城市发展赤色工会组织，团结工人群众，反对黄色工会的领导，以便积蓄和壮大革命力量，迎接第二次革命高潮的到来。

在大会期间，我除了日常事务工作外，还负责会场内部的保卫工作。另外，在会场外面附近的街道上，还经常不断地有便衣赤卫队派同志来往巡视，以防止敌人对大会进行破坏。我们对于代表的安全，都要完全负责。所以，我当时感到自己的责任是很重大的，不敢有丝毫的麻痹大意。凡是来开会的代表，都必须经过几次严格审查和组织证明，才能取得参加会议的资格。这中间无论哪种手续，都是派党的交通员去直接接洽，不敢通过敌人的邮局。代表在到达上海的时候，我们先派人用事前交换好的暗号暗语取得联系，然后再送他到旅馆里暂时住下，不直接到开会的地方去。等到了解证明以后，我们就用汽车把他从旅馆里接到会场来。代表们在汽车里，我们还嘱咐他们不要左顾右盼，不要打听沿途街道的名称。对于过去已经了解的代表，那就不须再经这种手续了。到了会场的代表，就得严格遵守纪律，不许再出外活动。开会、吃饭和睡觉都在这栋房子里；说话和走路都要轻轻地，不准有过大的声音；在临街的房间里，只许有个别人活动，不许有许多人在那里喧嚷；小组与小组之间的同志不许个人随便来往，有事时由小组长去联系；不许打听会场所在的门牌号数和街道的名称；听到电铃的响声，就立刻把文件拿到楼下，准备放进烧开水的锅炉里烧掉；万一发生意外情况，各人能走出去的就马上走出去，不能走出去的要随机应变，另找脱险的办法。这些开会纪律，在今天参加开会的人看起来，也许会觉得很奇怪，但是在那时却是不可缺少的安全的保障。

大会结束时，代表们先把全部文件交回，不许带走片纸只字；然后我们派人用汽车把代表们一个个送到旅馆里去住下。代表们要返回各地的时候，我们还派人代为买船票或火车票，并护送离开上海。尽管当时白色恐怖那样厉害，但是我们对于代表们来去和留在上海期间的安全，还是尽一切可能负责不出危险。就这样，我们胜利地完成了党交给我们的任务。现在我每逢想起这些经过，就感到那时同志们那种互相关怀、相亲相爱和严格遵守党的纪律的精神，实在很可钦佩。

胡传鼎记

（《中国工人》，1957年第22期，第15—16页）